エシカルな決算書のすゝめ

Encourage ethical financial statements

「粉飾」と「脱税」からみる会計学

公認会計士・税理士
尾中直也
Onaka Naoya

青月社

はじめに

3月決算の会社の経理部から、その年の4月25日頃に当社社長は次のような報告を受けた。「社長、今期の最終利益はおよそ2億円になりそうです。その場合の税金(※1)はおよそ6千万円強になります」。この会社は月次決算を行っており、当期の着地はおよそ税引前で1億円弱、納税額も3千万円くらいと見込んでいたところだった。

なぜ突如最終利益が上振れたかというと、為替が期末間際に一気に円高に振れたためだ。外国の雑貨品の輸入を主たる事業として営んでいる当社においては、外貨ベースにおける買掛金の換算替えを必要とし、当社の場合は円高による換算替えの結果として多額の為替差益が発生することとなったのだ。

(※1) 本書で「税金」という場合、すべて法人税等を指すこととします。

ちなみに、円高になったということは有利な価格で仕入れられるため、会社にとってその分は得をしているのであるから、納税額が増えたところで特に問題ないのではないかとも考えられる。しかし、今回の円高は期末間際に瞬間風速的に生じたものであり、4月に入ってからはまた通常の為替レートに戻ることとなった。よって、当社にとっては円高によって有利な価格で仕入れられるということはなかったのだ。

「冗談じゃない！　実質的な税引前利益が1億円で、為替差益が1億円計上されてしまった結果、税金が6千万円強だと！　税金は当初の見込み通り3千万円しか払うつもりはない！　何とかしろ！　その外貨建債務の換算替えをしないという選択肢はないのか？　最悪、架空の外注費をたてるなどして何とか利益を圧縮する方法を考えろ！　とにかく何としてでも税金を抑えるんだ！」

はじめまして。公認会計士・税理士の尾中と申します。この話は筆者が昔、M&Aの案件で関与した会社で実際にあったことです。経営者による「脱税」への誘惑とでもいいましょうか、こういった課税逃れをする大半のケースは、期末になって想定していた金額以上の利益が計上されることが判明したという場合です(※2)。

そして、もう期末が過ぎてしまっているので、例えば節税保険やオペレーティングリースといった合法的な節税手法も使えず、利益を圧縮することができる手段も限られている中でどうしたらいいものかと考えあぐねた結果、経営者の一存で違法な「脱税」に手を染めてしまうという典型例です。

では、逆に冒頭の会社が輸入ではなく輸出を主たる事業とする会社の場合を考えてみます。外貨ベースにおける売掛金の換算替えによって、当初見込んでいた税引前利益の1億円が円高による為替差損によりすべて吹っ飛んで赤字に転落してしまったとしましょう。そして、この会社の場合は銀行融資における財務制限条項(※3)にて〝赤字になったら期限の利益を失い、その時点で融資を引き揚げる〟という約定の文言が入っていたとしましょう。

(※2) アンカリングというのは心理学の言葉で、最初に提示された情報や数値が印象に強く残り、その後の判断に影響を及ぼすということです。この経営者の頭の中にはすでに今期の税金は3千万円との印象が強く埋め込まれてしまったために、それを超える税額は許容できなくなってしまったというわけです。

(※3) 財務制限条項とはコベナンツともいい、銀行が企業に対して貸付を行う際に、その契約において、企業の財政状態が一定条件以下となった場合に、企業は期限の利益を喪失し、銀行に対して即座に借入金の返済をしなければならないというものです。

さてどうでしょう。このケースは逆に「粉飾」の誘因が働くこととなるのがおわかりでしょうか。銀行借入に依存している会社が、もし融資を一括で引き揚げられてしまうことにでもなったら、一気に資金繰りが悪化し、従業員の給料すら払うことができず、倒産の危機は免れないこととなります。

もし本書を手に取ってくれた読者諸氏が経営者であって、このような状況に遭遇したとしたら、なかなか痺れる判断を強いられることとなるでしょう。ただ、残念ながら本書はそのような状況において、経営者の〝何とかしてくれ〟という要求を充足させることができるような、具体的な「粉飾」や「脱税」スキームを提供するような類のものではないですし、ましてや「粉飾」や「脱税」を推奨するものでもありません。

会計というのは極めて便利なツールです。日々の取引を一定のルールで記録するだけで、一定期間の利益（又は損失）や一定時点の財産及び債務の状況を知ることができます。企業において会計を用いる場合、この企業会計によって計算された利益に対して一定の修正を加えたものが課税所得となるのですが、この課税所得こそが税金を計算するベースとなります。すなわち、課税所得に対して税率を乗じたものが、その企業が納付すべき税金となるわけです。

このように会計というツールによってその企業の利益や一時点の財政状態がわかるということですから（※4）、裏を返せばツールの使用方法如何によっては利益の操作が可能になるということを意味します。そして、基本的には企業会計によって計算された利益がベースとなって税金が計算されるというのが日本の現行ルールですから、それは税金を作為的に少なくするということもできてしまうということにもなります。

端的にいえば「粉飾」というのは、利益を大きく見せるということで、反対に「脱税」というのは利益を小さく見せるということです。その意味では、「粉飾」も「脱税」も共に会計ルールからの逸脱（＝会計ツールの悪用）であるといえますから、そういった逸脱を可能にするルールというのはどのようなものなのかについて「粉飾」や「脱税」の事例をみていくことで、帰納的なアプローチではありますが企業会計の本質の一端を垣間見ることができるのではないか、という思

（※4）その企業の利益は損益計算書によって計算され、一時点の財政状態は貸借対照表によって表現されます。

いで筆を取ったのが本書になります。

第1章は、「粉飾」や「脱税」について具体的手口の触りの部分と、日本における会計と税務の領域が国際的潮流に対してどのように対峙しているのかということについて簡単に解説しております。このような国際的潮流の中に身を置くことで、かえって思いもよらぬ「粉飾」や「脱税」スキームが出てくる可能性が増します。そのあたりについて「粉飾」や「脱税」をプロローグ的に解説しております。

第2章は、「粉飾」について上場会社と非上場会社とでは、その意味合いが全く異なるということについてお話ししたのち、その「粉飾」については〝会計上の見積り〟の不確実性を逆手に取ったものが多く、よって本章では会計上の見積りの「粉飾」事例をいくつか取り上げております。会計上の見積りにおいては、感情論といった私情を挟むことなく、現実の数字の持つ合理性・客観性というもののみが説得力を有することになります。

第3章は、脱税行為が租税回避行為や節税行為とどこが違うのか、そして脱税と認定されるにいたるポイントはどこにあるのかといった点を解説しております。税務の世界における事実認定や法律解釈には一定の幅があるということを事例を分析することで実感していただければと思います。また、税務調査における頻出項目であります交際費や寄附金認定、認定賞与といったところについても、実務上注意すべき点について解説を加えました。

第4章は、本書のサブタイトルにもなっているところで、要するに「粉飾」と「脱税」という混じり合うことのない両者において、より思考の抽象度を高めていくと、例えば「会計処理の操作」といったところにおいては両者に一致点が生まれます。循環取引における会計処理やリース会計、のれんの計上、債権の貸倒、自己株式の取得、工事進行基準などの具体的な会計処理において、それぞれ「粉飾」事例と「脱税」事例という二つの側面からの一致点が輪郭をもってはっきりと見えてきます。

第5章は、エピローグとして筆者なりの「粉飾」と「脱税」の抑止策について考えてみました。常に現場における生身の人間に対して正面から向き合っている自分だからこそ見えてくる現実の姿というものがあります。それは、時にはドロドロとしたものもありますが、清濁併せ呑んだうえで自ら考案した書生論ではないリアルな抑制策というものを、思いつくままにつらつらと書いたものになりますので、最後にご一読いただけたら幸甚です。

なお、本書での意見にわたる部分は筆者の私見でありますので、ご留意いただければと存じます。

本書のトリセツ

▼利益を増加させる手口については〝粉飾決算〟のみならず〝不適切会計〟や〝不正会計〟などの用語もありますが、それらを包括して「粉飾」という用語で統一し、また、利益を減少させる手口についてはいわゆる犯罪である〝脱税〟のみならず〝租税回避〟や合法的な手口である〝節税〟についても包括的に「脱税」という用語で統一しております。これはあくまで両者を対比して論じていくための便宜上のものとご理解いただければと思います（粉飾は「粉飾」として、脱税は「脱税」と、あえて「」を付けて表現しております）。

▼本書で紹介している事例については、その多くが図表と仕訳例にて整理しております。ただ、図表における概念図は複雑な取引を極力単純化させているため、実際のものと幾分異なる点もあるということにご

留意下さい。

▼非上場会社の関係者の方は、第1章（特に2節のＩＦＲＳ）については実務にほぼ関係がないので、読み飛ばしていただくことを推奨します。

▼本書をここまで読んで「買って失敗した！」と思われた方や時間に追われている経営者については、第5章をまずお読みいただいたうえで、それでもう少し読んでみてもいいと思われたら第４章に進んで下さい。

エシカルな決算書のすゝめ　目次

CONTENTS

第4章 事例で見ていく「粉飾」と「脱税」の手口

第5章 「粉飾」と「脱税」を抑制するには

第1章
日本を取り巻く
会計と税務の潮流

1、「粉飾」や「脱税」にはグラデーションがある

新聞紙上で数千億円の「粉飾」という報道がされても特に逮捕者がでない場合があれば、ライブドアのホリエモンのように数十億円の「粉飾」で逮捕される場合もあります。同様に「脱税」についても数千億円の申告漏れという報道があっても特に逮捕者がでない場合と、数億円の所得隠しで逮捕者がでる場合もあります。

裁判での判決事例をみると、やはり「粉飾」「脱税」共に、実行した張本人（その大部分が経営者）の悪意（※1）の有無というのが大きなポイントとなっています。最近の事例ですと、東芝の歴代経営者が各事業部に対して予算達成を厳しく要求することを「チャレンジ」と称していて、それが結果的に巨額の粉飾決算事件につながっていったというものがあります。

そこで要求されたという予算自体は非常にタイトなものでしたので、各事業部は「粉飾」に手を染めざるを得なくなりました。そのような〝チャレンジ〟を実

（※1）法律用語としての悪意の意味で、要するに「粉飾」や「脱税」を知っていて行うこと。

際に指令したといわれる東芝の歴代経営者については、裁判での「具体的に指示したつもりはない」との主張が通って刑事責任は問われることはありませんでした。

そもそも、悪意の有無などというのは、所詮人間の内心の問題なのですから、例えば何かの議事録で社長が粉飾を指示した等の具体的な証拠でも出てこない限りは外部の人間からは窺い知る余地はありません。よってその場合は粉飾の犯意を立証するのはかなり難しく、東芝の事例のように結局いつのまにか雲散霧消となっていくこととなります。

ただ、そのような内心的側面とは別の問題として、「粉飾」や「脱税」の手口をとっても実に多種多様であり、その中には〝悪質〟といえるものとそうでないものとがあります。これは、実際の手口の質的側面についてはグラデーションがあるということを意味します。

図1を見ていただきたいのですが、まず「粉飾」「脱税」双方において悪質性

の観点から積極的なものと消極的なものとに分けたうえで、罰則との関連でさらにそれぞれを二分することで、グラデーションをわかりやすく図解しています。

ちなみに、先ほど人間の内心の問題については外部からは知る由もないといいましたが、例えばいくつかの裁判例を分析していくと、手口（会計処理）の悪質さによって悪意の有無が推し量られてしまうということもなきにしもあらずです。要するに、「こういう会計処理をするのだから、きっと悪意に違いない」というように外部（裁判所）から認定されてしまうということです。

本書は、「粉飾」や「脱税」の話を扱っていますが、その発見方法であったり、防止するための内部統制の構築方法といったことについてはほとんど触れておらず、主に手口（会計処理面）を中心にご紹介していくこととしております。というのも、このように手口自体の理解は悪質性や悪意の有無を推定されてしまうという点においても非常に重要であるためです。

仮定の話ですが、会計や税務に無知な経営者が、決算の時期に経理部から上

図1　手口の質的側面

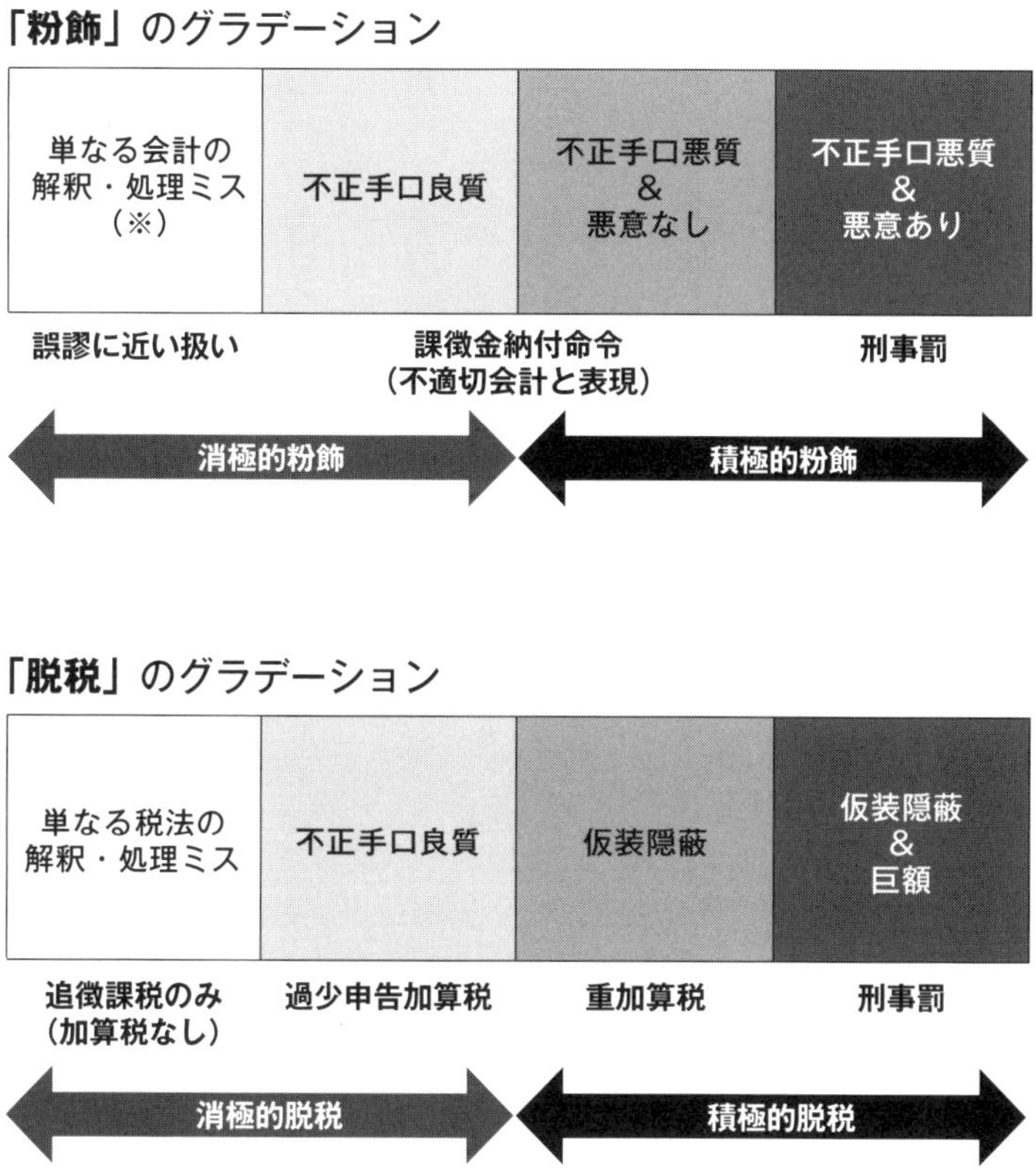

（※）その後、担当者レベルでミスが発覚するも、長期にわたってそれを隠蔽するといった場合です。実は最も多い「粉飾」がこのパターンであります。

がってきた、まだ未公表の決算書を見て、それが当初自分の中で想定していた利益や税額とはかけ離れていたとしましょう。そして、経理部の従業員に対して「大船に乗ったつもりでチャレンジしろ！」と意味不明な圧力をかけたとして（笑）、その結果当初想定した通りの利益もしくは税額になったとします。

そこで、経理部の一従業員が行ったピュアなチャレンジが、もしその手口的に悪質だった場合、経営者における「いや、俺は具体的な指示は出していない」との言い分が仮に事実であったとしても、「粉飾」や「脱税」における罪の誹りを免れないといったことも十分考えられうるわけです（※2）。

＊

ではここで、実際に行われる手口を3つほどご紹介いたします。ここでは積極と消極の別もさることながら、「粉飾」と「脱税」はコインの表裏の関係にあるということを会計処理（手口）の面から確認していきたいと思います。

（※2）ただ、〝チャレンジ〟などといっているだけでも十分罪は重いといえます。

「粉飾」に手を染めるにしても「脱税」をしてしまうにしても、その金額の大小を問わず行われる王道のような手口というものがあります。具体的には、いたってシンプルであって、「粉飾」であれば売上を繰上計上し（翌期の売上を当期の売上とすること）、「脱税」であれば繰延計上する（当期の売上を翌期の売上とすること）というものです。

同様に、経費の場合で考えると、「粉飾」であれば経費を繰延計上し（当期の経費を翌期の経費とすること）、「脱税」であれば繰上計上する（翌期の経費を当期の経費とすること）ということになります。

この手口の特徴としては、会計処理上は発生日（計上日）を操作するだけであって、架空の売上や経費を捏造するわけでもないので、当事者には「粉飾」や「脱税」をしているという罪悪感が薄いということもあるのかもしれません。また、仮に翌期の売上を当期に計上して利益の嵩上げをしたとしても、翌期において当該売上を計上しないと、その時点で正常な状態に戻るわけですから、さほど悪質性のある「粉飾」とはいえないわけです（※3）。

（※3）悪質性のある「粉飾」ではないという意味では、消極的粉飾とされるものになります。

そして「脱税」の場合のいわゆる〝期ズレ〟については第3章でも改めて触れることとしますが、税法上の扱いは重加算税は課さないとされていることからもわかるように、税法においても当該手口が〝消極的脱税〟に分類されるということを明確にしております。

ちなみに、この手の不正は請負業（※4）において多く行われています。というのも、請負業は下請業社や孫請業者など多重構造になっているのは周知のとおりですが、元請業者が下請けの選定や発注金額等で大きな影響力を持つため、このような「粉飾」や「脱税」に下請業者を協力させやすいという環境があるためです（※5）。

＊

次の典型的な「粉飾」「脱税」の手口は在庫を操作するということです。**図2**を見ていただければと思うのですが、在庫の操作というのは簡単に損益の調整に

（※4）請負業とは、案件ごとの受注に対応した役務提供を主たる業務とするものをいい、主に建設業やソフトウエア開発業をいいます。

（※5）例えば、営業担当者が得意先と通謀し、システム開発につき未了の成果物について、得意先からは検収を受けたこととして作業報告書に署名を受領し、それをもとに売上計上が不当に前倒し計上されるということなどです。

図２ 在庫の操作

通常

商品

期首在庫 20	当期払出 110
当期仕入 100	期末在庫 10

➡

損益計算書

売上原価 110	売上 130
売上総利益 20	

粉飾

商品

期首在庫 20	当期払出 100 (⬇10)
当期仕入 100	期末在庫 20 (⬆10)

➡

損益計算書

売上原価 100 (⬇10)	売上 130
売上総利益 30 (⬆10)	

脱税

商品

期首在庫 20	当期払出 115 (⬆5)
当期仕入 100	期末在庫 5 (⬇5)

➡

損益計算書

売上原価 115 (⬆5)	売上 130
売上総利益 15 (⬇5)	

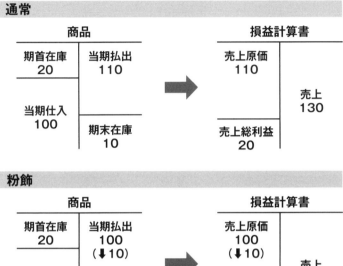

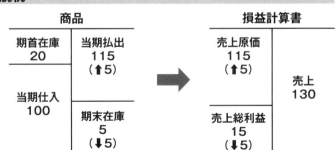

使えてしまうという極めて便利な手口となります。

損益計算書においては、売上高から売上原価が差し引かれて売上総利益が計上されるわけですが、**図2**の左側にある商品勘定の当期払出が売上原価となり、その売上原価は期首の商品在庫から当期仕入を加えて、さらにそこから期末在庫を控除することで計算されます。このように売上原価の計算は差し引き計算で算出されるというところがポイントです（※6）。

そこで、あるべき在庫金額よりも多く計上した場合（要するに架空在庫を計上した場合）、その分売上原価が少なくなって、また同時に売上総利益が多くなります。これが「粉飾」です。逆に「脱税」の場合は、あるべき在庫金額よりも少なく計上すると売上原価が多くなって、また同時に売上総利益が少なくなるという計算トリックになります。

ではどうやって在庫金額を過大もしくは過少に計上するのかというと、例えば単純に在庫の数量や単価のデータを改竄したりします。また少し手の込んだもの

（※6）**図2**の（通常）の例ですと、売上原価110は期首商品20＋当期仕入100－《マイナス》期末在庫10＝110と計算されることとなります。

になると、例えば東芝の事例にもあるように原価計算方式を利用して原価差額の原価配分を操作するといったものもあります（P166参照）。

さらに、ある粉飾事例では、POSレジスターで売上として処理された販売数量の一部を期末在庫数量に上乗せするようにプログラムが作成されており、この過大な数量に基づき決算用の在庫データが作成されていたという非常に手の込んだものもありました（※7）。

なぜこれが手口の王道となり得るかということなのですが、それはなかなか外部からは発覚しにくいものだからです。そして、在庫金額をどのような数字にすればどの程度損益に影響を及ぼせるかを簡単にシミュレーションできるので、過大又は過小在庫の金額を決定しやすいということも挙げられるかと思います。

＊

3つ目は、減価償却費を挙げておきたいと思います。減価償却費とは、建物や

（※7）なお、この事例の場合は、日常業務におけるコンピュータは正規のデータで運用されており、正規のものと別途作成された虚偽のものとの2種類の棚卸一覧表が作成されていたとのことです。

機械装置のように長期間にわたって利用する資産について、その購入価額をいったんは資産として計上し、この購入金額を資産の耐用年数にわたって規則的に費用化するというものです。「粉飾」の場合ですと、減価償却費を意図的に過少計上するということになります。

例えば、減価償却費が１００計上されている会社の最終利益が▲20だった場合、じゃあ減価償却費を70にして最終利益を10として黒字決算にしようとなるわけです。非常に簡便な方法であるがゆえに、ほとんど罪悪感なく実行できる、典型的な消極的粉飾です。非上場会社においては非常に多くみられる手口です（※8）。

なお、減価償却費というのは損金経理を損金算入の要件とされています。その趣旨は、減価償却費の計上自体が費用の見積り的性質も有していることから、会社がそれらを損金とするか否かについては基本的に会社の選択に任せているためだと説明されます。ただ、これは会計上は費用としないことには税務上は損金としないということですから、「粉飾」の抑止力となっているともいえます。

（※8）ちなみに、この手口を上場会社で行うのは難しいです。というのも、監査人はオーバーオールテストといって、償却すべき資産に平均償却率を乗じて減価償却費の概算額を算出し、それと実際に計上されている減価償却費とを比較するという手続きは必ず行っているため、減価償却費の過少計上はすぐに見破られてしまいます。

図３　減価償却を利用した「脱税」事例

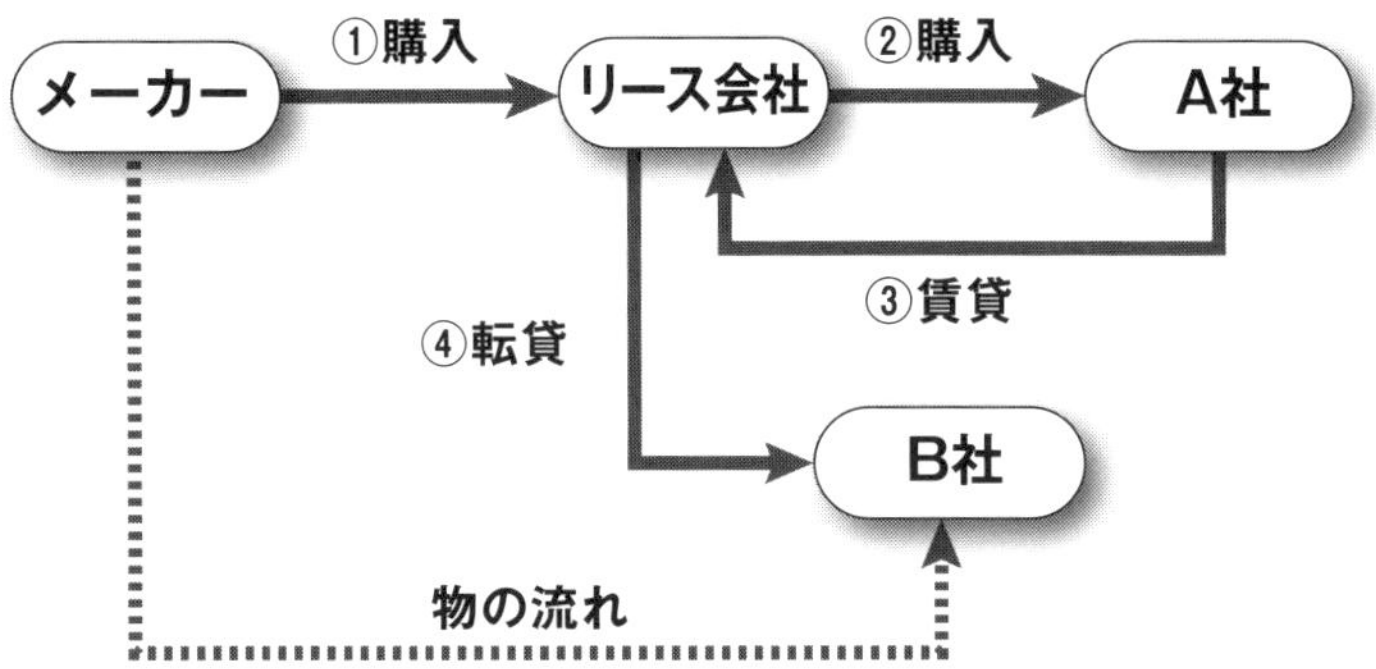

最後に、減価償却を利用した「脱税」事例です。この事例は、少額減価償却資産といって10万円未満の資産については資産に計上して減価償却するのではなく、即時費用化できるという特例を利用したものです。

図３を見てください。まず、①リース会社がメーカーから少額減価償却資産（電話回線選択アダプター）を購入し、②それをA社がリース会社から購入します（※９）。次に③これを同じリース会社に賃貸し、さらに④リース会社がB社に転リースするというものです。ただ、物の流れでいうと、実際の資産については

（※９）A社は購入した年度で購入した資産を即時費用計上しています。

メーカーから直接B社に納入されています。

この事例の場合ですと6年リースでしたので、相手先のリース会社が倒産でもしていない限りA社は6年後には資金が回収できます。そういった意味では、A社にとってはほぼノーリスクなのですが、それこそがこのスキームが否認された一因ともなっております。すなわち、A社には所有者として当該資産を取得し、それを賃貸しているという実態はなく、よって実質的所有者はA社ではなくリース会社の方であると認定されたわけです。

これは、第3章で解説しております実質課税の原則によって否認された事例です(P104参照)。つまり、法人税の回避・軽減という目的以外は見当たらない、単に損失の額の先出しを目的とした不自然不合理な取引であると断罪されています。

補足

☞建設業においては、裏金資金の捻出のために勘定科目を外注費や業務委託費、支払手数料、雑費などで処理し、特定の相手先への支払いとして処理するということが行われたりします。これは架空の外注費計上という意味では「脱税」に該当しますが、当該支出を棚卸資産として計上している場合などは「粉飾」に該当することとなります。

☞ある経営者の方に、自社の顧問税理士から紹介されているのだがどう思いますかと意見を求められたのですが、節税のためにマイニングマシン（ビットコインをマイニングする機械のこと）を少額減価償却資産として購入されたらいかがですかと提案されたといいます。リース期間は何年ですか?と聞いたところ、他社へのリースではなくて実際のマイニングで投下資本を回収するとのことでした。筆者としては、「節税もいいですが、経済性の観点から判断される方が大事だと思いますよ」と回答しておきましたが、このような減価償却を用いた節税手法は色々なところで形を変えて横行しているんだと思った次第です。

２、会計の国際的潮流　～ＩＦＲＳ～

かれこれ10年くらい前だろうか、国際会計基準（ＩＦＲＳ）が日本の上場会社における会計基準として適用されるという話が新聞紙上等を賑わせていました。そして、今では上場会社のうちでもおよそ１７０社前後の企業がＩＦＲＳを任意適用しているとのことであり、その数が多いか少ないかはさておき、一体この10年の間に何があったのかという話から始めたいと思います。

もともとは、ＥＵ域内の上場会社にＩＦＲＳ採用が義務付けられ、またＥＵ域外の企業はＩＦＲＳかそれと同等の会計基準の採用が義務付けられたため、ＥＵで資金調達しようとする日本企業にとっては、このままではＥＵ市場から撤退しなければならなくなり（※１）、これではまずいということで日本はコンバージェンス（※２）に向けて動き出したというところから始まります。

結局、２００８年に日本基準はＩＦＲＳとの間の主要な差異はなくなったことから同等と認められ、これによってＥＵに上場する日本企業は引き続き日本基準

（※１）いわゆる２００５年問題といいます。

（※２）日本の会計基準をＩＦＲＳと内容的に近いものとすることにより、日本基準を国際的に認めさせるということです。ちなみに、日本の会計基準においても矢継ぎ早に新たな会計基準が公表・適用されておりますが（２０１８年にも「収益認識に係る会計基準」が公表されました）、これもＩＦＲＳとのコンバージェンスの一環です。

に準拠した財務諸表を使用できることとなりました。ただ、まだ差異が十分に解消されたわけではないので、コンバージェンス作業自体は引き続き日本において継続されることとなりました（※3）。

一方で米国が２００７年頃からＩＦＲＳのアドプション（※４）の可能性を表明したことにより、日本においてもコンバージェンスよりもアドプションを支持するといった姿勢に転換していきました。つまり２０１０年からＩＦＲＳの任意適用を認め、２０１６年からは全上場会社にＩＦＲＳを強制適用するという方針が示されることとなったわけです。

ところが一転して、２０１１年に米国がＩＦＲＳのアドプションに否定的な態度を取るようになりました。そうなると、どこまでも米国に追従する我が国らしく、日本においてもＩＦＲＳのアドプションが一気にトーンダウンすることとなり、ＩＦＲＳの強制適用の決定は現時点においても延期されたままとなっております。ただ、一方では２０１３年に企業会計基準審議会というところがＩＦＲＳの任意適用企業を増やす方向に転換することを表明することとなりました。

（※3）この時点では、残りの差異は2011年までに解消を図るとされていました。

（※４）自国の会計基準を捨てて、ＩＦＲＳを自国の会計基準として導入することをいいます。

そんな折、2014年に日本においてエンドースメント手続き（※5）によって作成された修正国際基準（JIMS）が公表されることとなりました（※6）。そこではIFRSにおける2つの会計処理については承認できないとされ、逆にいうと、この2つ以外の全てのIFRSを承認したものとなっております。ちなみに、当該2つの会計処理とは「のれんの非償却」と「ノンリサイクリング処理」で、また後で詳細は説明しますが、この2点については我が国として受け入れが最も困難であるとされているものです。

日本においては以上のように、〝コンバージェンス〟や〝アドプション〟、〝エンドースメント〟、〝任意適用〟と蛇行運転するかのように方針転換しながら現在に至るという訳であります。ですので、コンバージェンスはするけどアドプションはしないという何ともふわっとした状態が今後も継続することが予想されます。少なくとも強制適用については当面はないと思っていただいて間違いないです。

＊

（※5）一部不適格と考えられる部分については、不採用としながらも全体としては取り入れていく方法をいいます。

（※6）現時点において、JMISを適用している企業は一社もありません。ちなみに、これによって日本の上場会社が採用できる会計基準は日本基準、IFRS、米国基準、JMISの4つとなっております。

と、ここまでの経緯を説明したところで、そもそもなぜ「粉飾」を主題とする本書においてＩＦＲＳの話題に触れるのかということなのですが、それは端的にいえば１９９０年代の終わりから２０００年代の初めにかけて行われた会計ビックバンの影響が企業を「粉飾」へと駆り立てたという過去の経緯があるからです。本書で取り上げた事例でいえば、２０００年の連結会計基準における持株基準から支配力基準への変更はカネボウを、２００１年の金融商品に係る会計基準の導入についてはオリンパスをそれぞれ「粉飾」決算へと動機付けています。

会計基準の変わり目というのは大きな粉飾が行われる可能性があるということを歴史は教えてくれているといえます。というわけで、これからＩＦＲＳの特徴を確認していきたいと思います。これには、日本基準との３つの相違点を明らかにすることがＩＦＲＳへの理解の近道となります（※7）。

まず一つ目は、そもそも会計ルールの根本的な思想のところで大きな違いがあります。日本基準は「細則主義（ルール・ベース）」といって、例えば各企業に対して会計基準を都合よく解釈させないように事細かにルールを設定すること

（※7）演繹的アプローチのＩＦＲＳに対して日本基準は帰納的アプローチを採用するとか、連結決算においてＩＦＲＳは経済的単一説であるのに対して日本基準は親会社説であるなど、この３つ以外にも相違点はあります。

で、全企業が適用するものを統一させようとするのに対し、ＩＦＲＳは「原則主義（プリンシプル・ベース）」といって、基本的な原理原則（プリンシプル）だけを定めて、あとは各企業が自主的にルールの趣旨を解釈して適用していくというものです。

ことほど左様に、ＩＦＲＳにおける一応の建付けとしては企業の自主性を尊重するということになっていますが、これは性悪説とか性善説とかいう単純な話ではなくて、要するに、企業を取り巻く外部環境も日々変化するなかで、その都度会計ルールを変更していくということではキャッチアップしきれない部分があるので、そこはルールの趣旨や思想といったものを酌んだうえで自主的に適用してくださいというのがＩＦＲＳのスタンスになります。

例えば、直近の事例ですと、日本でもビットコインなどの仮想通貨がいきなりフィーバーしましたが、これも今では会計ルールもある程度は整備されたものの、実際に仮想通貨が流通した初期段階においてはビットコインを所有していた会社であったり、または仮想通貨取引所の運営会社においては、どのように会計処理していいのか判断に迷う部分が多々あり（※8）、その意味では日本の細かい会計ルールに従わなければいけないという会計慣行が逆に経済活動の足枷となってしまったわけです。

二つ目は、両者における利益の概念において大きな相違があります。日本基準は売上高から費用を差し引いて利益を計算するという「収益費用アプローチ」に基づいているのに対して、ＩＦＲＳは期首から期末にかけての財産（純資産）の増減によって、増加していれば利益で減少していれば損失とするという「資産負債アプローチ」を特徴とします。

そもそも、投資家というのは会社の業績を見るのにどこの利益を重視するのかということです。それが本業の収益力であるというならば、当期純利益を最終利益とする日本基準の考え方ですし、当期純利益に加えてその他の包括利益（ＯＣＩ）をも反映させた包括利益であるというのであれば、それはＩＦＲＳのコンセプトに近いということになります（※9）。

（※8）仮想通貨は法定通貨ではないので外国通貨として処理することもできませんし、また金融資産や棚卸資産、無形固定資産など既存の概念とも異なると考えられていたためです。

（※9）包括利益は損益計算書のボトムライン（最終項目）として、公正価値変動による評価損益を含む、ＩＦＲＳで最も広義の利益とされております。また、その他の包括利益（ＯＣＩ）とは、包括利益と純利益との差額をいい、ＩＦＲＳにて純損益とされない収益及び費用（主に公正価値変動による評価損益）のことをいいます。

三つ目は、ＩＦＲＳの特徴として公正価値（※10）という概念があります。例えば、ＩＦＲＳにおいて投資用不動産は、公正価値モデル（※11）と原価モデルの選択適用となっておりますが、日本基準は、あくまでも原価モデルのみを採用しているといった相違になります。

ただ、誤解がないように言っておくと、日本基準における取得原価ベースの考え方は、基本的にはＩＦＲＳも同様であって、単に公正価値で評価すべき（もしくは評価してもいい）という範囲が日本基準よりも広域であるということにすぎません。よって、ＩＦＲＳにおいてあらゆる資産負債を公正価値評価する必要があるというわけではないという点はご留意いただければと思います。

＊

最後に、日本基準とＩＦＲＳの具体的な会計処理の相違をみて締めくくりたいと思いますが、それこそ先のＪＩＭＳにおいて承認できないとされた2点こそが大きな相違点となります（※12）。そのうち「のれんの非償却」については第２章

（※10）いわゆる時価に近い概念です。

（※11）すべての投資不動産を公正価値で評価し、公正価値の変動から生じる利益または損失を発生した期の純損益に含めなければならないというものです。

（※12）その2つ以外にも、例えば「開発費の資産計上」などいくつかの大きな差異はあります。ちなみに、日本基準において研究開発費は費用処理するのに対して、ＩＦＲＳでは研究費は発生時に費用処理するものの、開発費についてはそれが将来の経済的便益に結び付くことが立証可能であれば無形資産として認識することとなります。

（※13）ノンリサイクリング処理というのはリサイクルしないということです。リサイクリン

図4　ノンリサイクリング処理の仕訳例

時系列	仕訳例	補足説明
①当期末	その他有価証券 10 ／ OCI 10	
②翌期の売却時	【リサイクリングする場合】 OCI 10 ／ その他有価証券 10 Cash 110 ／ その他有価証券 100 ／ 有価証券売却益　10	
	【リサイクリングしない場合】 Cash 110 ／ その他有価証券 110 AOCI 10 ／ 利益剰余金 10	AOCIというのは、その他の包括利益累計額（OCIが積み重ねられた残高）のことをいいます。 純資産の中で直接AOCIから利益剰余金に振り替えます。

にて解説していますので、ここでは「ノンリサイクリング処理」(※13)について概略をみていきたいと思います。

簡単な具体例で考えてみます(**図4**の仕訳例を参照)。①当期中に100で購入した株が期末に110に上昇しました。この場合、日本基準でもIFRSでも時価評価したうえで、差額の10をOCI(その他の包括利益)として純資産の部に計上することとなります。

②仮に翌期において110にて

グ処理とは、当期又は過去の期間において、その他の包括利益（OCI）として認識された金額を純損益に組み替えることをいいます。

売却したとした場合なのですが、リサイクリングするというのは会計上は一旦簿価を１００に戻したうえで損益計算書上で差額10の売却益をたてるという方法で、リサイクリングしないというのは、すでに会計上の簿価が１１０となっているので損益計算書上の売却益はゼロとなり、ただ、ＯＣＩを同じ純資産の部にある利益剰余金に振り替えるという処理をするのみになります。

このノンリサイクリング処理の意図は何かというと、例えば、これまで日本の企業は本業の業績が悪い時に含み益のある株を売却したりすることで損益計算書上の最終利益をコントロールするということを行っていました。ただ、ＩＦＲＳではこのように有価証券や不動産などの含み益を自社の都合のいい時に売却して売却益を計上することで業績をよくみせるというような会計処理は認めないというところにあります。

補足

☞ＩＦＲＳはグローバル基準であるといえることからＧ型決算書であって、対する日本基準はとりわけアドプションはせずに自国の存在意義を保っている（ナショナリズムの保持）という意味ではＮ型決算書であるといえます。さらに、主に税法基準に準拠する非上場会社にとっては、グローバル基準などどこ吹く風であり（２５０万社が用いるローカルなもの）、その意味ではＬ型決算書であるといえます。決算書といっても準拠するルールによって大きく3つに分類できるといえます。

☞リサイクリング処理を行うことによって、概念上は全会計期間を通算した純損益の合計額と包括利益の合計額が等しくなるのですが、ノンリサイクリング処理の場合はそうはならないという点が、日本がノンリサイクリング処理を受け入れられない大きな理由となります。

3、税務の国際的潮流　～BEPS～

会計の国際的な潮流がIFRSであれば、税務においてはBEPSにほかなりません。近年における経済のグローバル化の進展は、多国籍企業が各国の税制上の優遇措置や租税条約などを巧みに利用して、過度に節税を行うといったいわば租税回避行為が横行するといった結果となりました（本書でいうところの「脱税」です）。日本でも有名なスターバックスやグーグル、アップル、アマゾンなどの有名企業がこういった「脱税」行為を積極的に行っていた企業になります。

例えば、トヨタやソニーなどグローバルに展開する日本企業がこのような法の網をすり抜けるといったような「脱税」行為をやると、我々日本人としては〝合法だが不徳〟という行為が最もけしからんとして非難もするかと思うのですが、それがスタバやアップルのようなそこはかとなくスタイリッシュなイメージのある欧米企業がやると、いいか悪いかはさておき、うまいことやっててすごいなぁなんて感心してしまうのはなぜでしょう。

では、こういった多国籍企業がどのように「脱税」をしているかということなのですが、端的にいえば経済活動が行われ価値が創造される国から、タックスヘイブン国のような税率が低い国やさらには無税の国へと利益を（合法的に）移転させることで、実質的に経済活動を行っている国に納付する税金を大幅に圧縮するということを行っています（※1）。

さすがにこのような合法であっても非倫理的なる行為に対して各国の課税当局は見逃せなくなったため、2012年にOECD（経済開発協力機構）がBEPSプロジェクトというのを立ち上げて、各国が協力してこういった多国籍企業による「脱税」行為を取り締まっていきましょうということとなりました。ちなみにBEPS（読み方はベップスです）というのは「税源浸食と利益移転」という意味ですので、正確にはBEPSを回避するためのプロジェクトということになります。

具体的には、OECDはBEPSに対抗できる15の「BEPS行動計画」を2013年に公表したのですが（※2）、これに対する我が国のスタンスとしては、

（※1）結果として、どの国においても課税されない国際的〝二重非課税〟の状態を作りだすこととなります。

（※2）OECD加盟国だけでなくG20の要請・支援の下で公表されることとなりました。また、その後2年余りの議論を経て、2015年に「最終報告書」として現行の国際課税ルールの不備を是正する具体的行動を掲げた形で取りまとめられることとなります。

ちなみに、OECDやG20ではその後も「最終報告書」で積み残しとなった課題について引き続き取り組みがなされております。

会計基準におけるコンバージェンスではないですが、国内法においてはBEPSプロジェクトと足並みを合わせる形で次々と法制化を図っていくこととなりました（※3）。

このような流れの中で、2017年にはBEPS防止措置実施条約（以下、MLIといいます）というのが日本を含む67か国・地域によって締結・署名されることとなりました。これは、内容的には先ほどのBEPS行動計画のうち租税条約（※4）に関連する部分を、既存の租税条約については改正することなく、効率的に導入を図っていこうとするものです。これによって、租税条約に関連するBEPS防止措置を個々の二国間租税条約に一挙に導入して適用することで、個々の国同士が租税条約の改正交渉を行うという手間が省けることとなりました。

*

ここで、MLIや租税条約、国内法の関係を理解するためにアマゾンの事例を取り上げたいと思います。いうまでもなく、アマゾンは米国に本拠を構えるEC

（※3）具体的には、2015年の税制改正で国境を越えた役務の提供に対する消費税の課税の見直しや外国子会社配当益金不算入制度の改正、2016年度改正で移転価格文書化の法制化、2017年改正で外国子会社合算税制の抜本改革、2018年改正で恒久的施設の定義の更新、2019年改正で過大支払利子税制の見直し、がありました。

ちなみに、BEPSの導入による日本企業への一番の影響はといえば、移転価格関連の書面が増えたことで事務負担が増加したことです。それは結局コンプライアンスコストの増加となって企業経営を圧迫することとなりました。

（※4）「租税条約」とは、二国間において二重課税の排除と脱税の防止を目的として締結される国家間の合意のことです。日

サイト、Webサービスを行う会社です。

さて、例えばアマゾンのような外資系企業が日本で商売をやって稼いだ場合、もちろん日本で税金を納税する義務があります。そして、アマゾンの場合は日本国内においてはアマゾン・ジャパン合同会社（以下、アマゾンJといいます）という子会社を設立して、そこに対して業務委託をするという一種の問屋《とんや》（コミッショネア）形態をとっています。アマゾンJは倉庫（巨大な配送センター）を有する会社です。

アマゾンJという日本法人にとっては米国アマゾンからの業務委託料が売り上げとなり、倉庫で働いている人の人件費などが経費となりますので、差額の利益に対する税金を日本において納税するということになります。しかし、米国アマゾンからの業務委託料というのは親子関係にある2社間においては如何様にも調整できてしまうため、アマゾンJにて発生した諸コストとほぼ同額の業務委託料に設定することで日本には利益を残さないこととしました。

本でいうと、アメリカならアメリカと、イギリスならイギリスと、中国なら中国とそれぞれ個別の租税条約を結んでおり、それらの内容は異なるものとなっています。

日本の課税当局は、日本で納税するようにとアマゾン側に追徴課税するものの、それに対するアマゾン側の言い分としては、米国で利益を計上して税金を納めているのだから、そのうえ日本でも納税した場合には二重に納税することになる。また、業務委託料の設定についても、倉庫にて物品を配送するという業務に付加価値はないのだから、この業務委託料は適正なものだと主張しました。

以上をもって、これに文句があるなら米国政府に言ってくれとアマゾンは対抗しました。結局、日米間の協議になったのですが、そこは両国間の力関係もあってか、日本側の主張が通ることなく、一旦この件は終了しました。

国際税務の大原則として〝PEなければ課税なし〟というものがあります。PEというのは恒久的施設（Permanent Establishment）のことで（※5）、例えば外国企業が日本国内で事業を行うといった場合、日本国内にPEがないと日本としては当該企業の利益には課税できないというルールです（※6）。

結局、日本としては負けてしまいましたが、日本の課税当局はアマゾンJが有

（※5）事業を行う一定の場所、例えば外国企業の支店や工場のみならず、企業の名で契約を締結する者（代理人）がPEに該当するとされています。

（※6）これは2国間の課税権の配分を図ることを目的としています。ちなみに、日本企業が海外で商売をする場合も同様にPEがなければ課税されることはありません。

する巨大な倉庫自体、これが米国アマゾンにとってのＰＥに該当するのだから日本で納税しろと迫ったわけです。ただ、当時の国内法（および日米間の租税条約）では倉庫はＰＥには該当しないこととなっていたので、アマゾンは日本での納税を回避することができていたわけです。

そこで、先述のＢＥＰＳプロジェクトができてきます。ＢＥＰＳの15の行動計画の一つに〝どのような活動であっても、準備的・補助的性質でない場合はＰＥ認定する〟というものがありまして、それを受けて日本でも２０１８年度の税制改正において国内法において非居住者の事業の遂行にとって準備的・補助的な機能を有する場合に限りＰＥに含まれないとされました。この規定は裏を返せば、準備的・補助的ではない限りＰＥとみなされることとなり、結果としてＰＥの範囲が拡大されることとなりました（ＰＥの範囲が拡大されると課税できる範囲が広がるということです）。

さらに、日本はＭＬＩという多国間協定に署名していますので、これで晴れてアマゾンに課税を……とは問屋が卸しませんでした。なぜかというと、まず租税条約というのは国内法に優先されるので、国内法の改正では不十分であり、またそもそもアメリカはこの多国間協定に署名していないのです(※7)。ということで、日米租税条約は従前のままの効力を保つこととなり、よって日本では未だにアマゾンには課税できない状態が続いているというわけです。

＊

さて、本節の冒頭に「多国籍企業が各国の税制上の優遇措置や租税条約などを巧みに利用して」といいましたが、その国際的「脱税」スキームというのが、これも今や有名になりすぎてしまった〝ダブルアイリッシュ&ダッチサンドイッチ〟です。このスキームはアップルが開発したものらしいのですが、さすがはアップルだなと感心する反面、名称もいっそのことi-BEPSとでも付けたらよかったのではないかと思ったりもします。

冗談はさておき、このスキームについては現在はもう使えないものとなっているのですが、本節の最後に当該スキームについて要点だけでもご紹介したいと思

(※7) 米国以外にも、日本企業の多くが進出しているタイやフィリピン、ベトナム等のアジアの国々もMLIを締結しておりません。

図5　ダブルアイリッシュ&ダッチサンドウィッチ

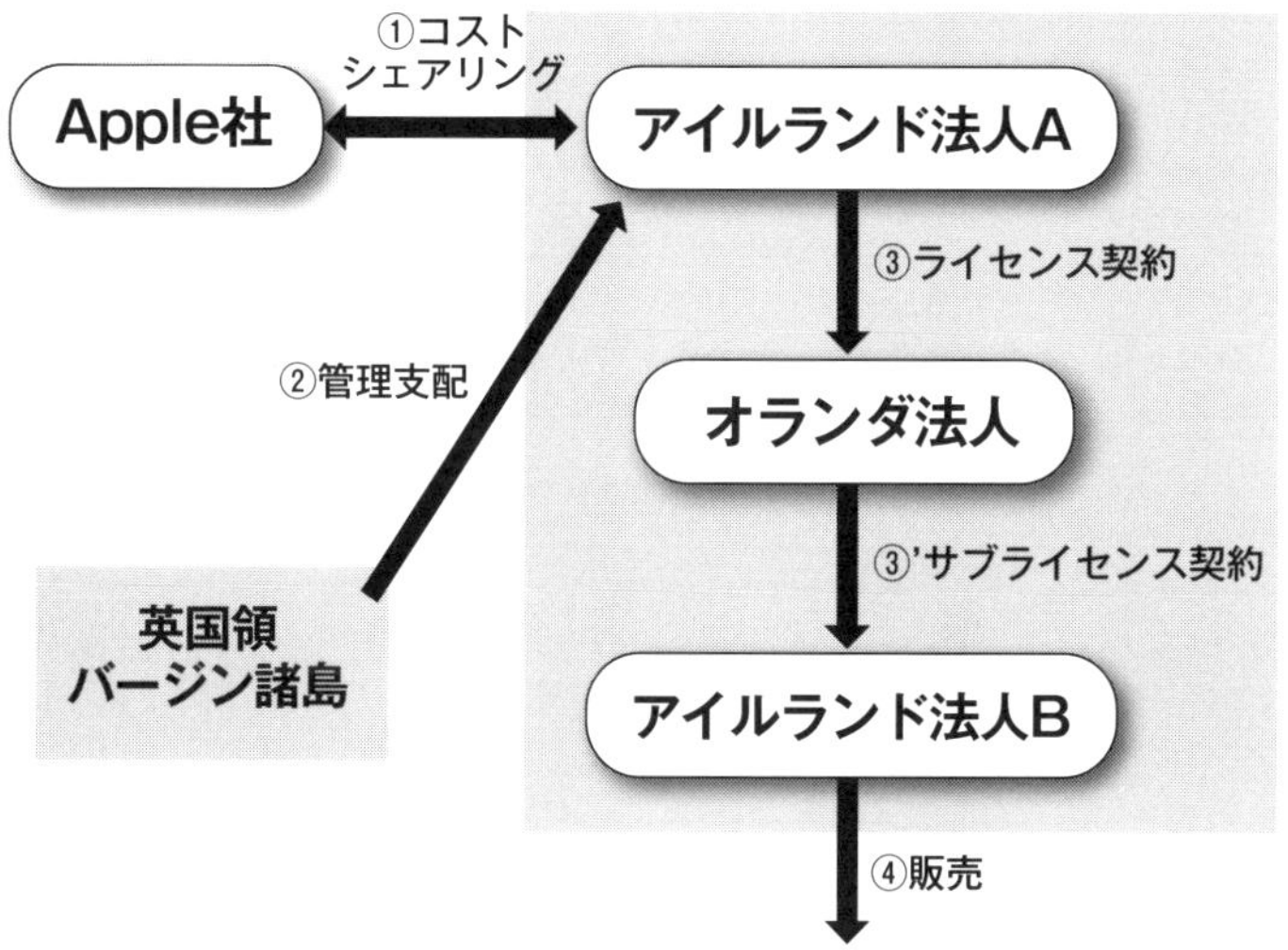

います。図5を見ていただきたいのですが、アイリッシュというのはアイルランドのことで、ダブルということですからアイルランドの会社が2社でてきます。ここではアイルランド法人Aとアイルランド法人Bとでもしておきましょう。ダッチというのはオランダのことで、またサンドイッチですから、アイルランド法人AとBでオランダ法人を挟むということを意味します。

①米国法人であるアップルが開発した無形資産（※8）に

（※8）IT関連の技術、特許、ブランドなどを指します。

ついて、アイルランド法人Aとの間でソフトウエア開発におけるコストシェアリング契約（※9）を結びます。これにより、米国外における所有権をアイルランド法人Aに所有させます。そして、②アイルランド法人Aについては英国領バージン諸島居住の法人になります（※10）。

③アイルランド法人Aはアイルランド法人Bとの間で当該無形資産の使用に関するライセンス契約を結び、AがBにライセンスを付与したうえで④アイルランド法人Bは当該無形資産の使用権の販売を行うこととします。ただ、Bが販売によって稼いだお金をライセンス料としてAが吸い上げるに際して源泉税がかかってしまうので、③オランダ法人を間に（サブライセンスという形で）かませることによってBからオランダ法人、オランダ法人からAに対する使用料を源泉税なしで支払うことができることとなりました。

ここまでが仕組みの話で、ここからは個々の法人がなぜ税金を払わないで済むのかを見ていきます。まずアイルランド法人Bについては、一義的に売上が生じることとなりますが、それはすべてオランダ法人にライセンス料として支払うた

（※9）コストシェアリング契約とは、無形資産等を共同開発する場合に、その開発費用を将来得られるであろう収益の割合で負担し、開発された無形資産をその持ち分に応じて取得する契約のことです。移転価格税制上の観点から費用負担が適切に行われている必要があります。

（※10）管理支配基準により判断されることとなります。詳細は後述します。

め限りなく利益は0となります。オランダ法人も同様にBからの入金額をそのままAに支払うことで利益は0となります。

そしてここが一番のポイントなのですが、アイルランドの税制は、他の会社に管理されていて、かつ営業実態がない会社については、非居住者とみなされ課税されないこととなっています。こういった前提のもと、アイルランド法人Aはバージン諸島にある法人に管理支配されており、かつ営業実態がないという実態を作出することに成功したため（※11）、アイルランド法人Aについてはアイルランドにおける非居住者となり課税を逃れることができることとなりました。

結局、居住者であるバージン諸島にある法人に課税がされることとなるのですが、そもそもこの国での法人税率は0％なので、結局ここでも課税がなされず、どこの法人にも税金が発生しないといったカラクリが、このダブルアイリッシュ&ダッチサンドイッチになります。しかも、アップルは1980年代からこれをやっていたということですから、結構な金額を貯め込んだのだろうと思われます。

（※11）アイルランド法人Bが営業実態のある法人になります。

補足

BEPSの解消には、GAAR（General Anti Avoidance Rules の略、租税回避行為の一般的否認規定）が必要である旨の議論が世界規模で起こっています。日本においては、GAARの規定はなく、よって経済合理性のない「脱税」のための取引に課税することができるのは同族会社間の取引や組織再編の取引に限られるといわれています。（第3章 P101参照）

米国としてはあまりBEPSプロジェクト自体に賛同しているわけではありません。というのも、アマゾンやアップルなどの米国企業が少なくとも米国内において稼いだ利益に対しては米国に税金を納めており、欧州など他国での事業で稼いだ利益に対しては租税回避を図り、その結果生じた余剰資金を米国での試験研究等に回すことでさらに企業価値を高めてもらった方が、米国としても好ましいと考えているためであります。

第2章

「粉飾」総論

1、不適切会計→不正会計→粉飾決算

一般的に「粉飾決算」とは、会計基準に反して故意に利益を過大に計上し、会社の経営成績や財政状態を実際よりもよく見せようとすることをいいます。最近よく「不適切会計」や「不正会計」という言葉を耳にすることが多いかと思いますが、粉飾決算とは何が違うのでしょうか。

平たくいうと、「不適切会計」というのは意図的であるか否かは別にして、とにかく会計処理が不適切であるということを意味するのに対し、「不正会計」というのは不適切な会計処理を意図的に行ったというニュアンスを包含するものです。「粉飾決算」はどちらかというと「不正会計」とほぼ同義といえます(※1)。

このように、不適切会計というのは単なる計算誤りも含む概念であるため、上場会社はＩＲにおいて自社の会計処理の不正を公表せざるをない場合は、「粉飾決算」や「不正会計」という用語よりも、「不適切会計」という言葉を好んで使います。「不適切会計」という言葉がもつテイストと「粉飾決算」や「不正会計」

(※1) 不正会計は粉飾決算をも含むより広義なものと解説されることもあります。その場合、例えば経営者や従業員による資産の不正流用の結果としての不適切な会計処理については粉飾決算ではないが不正会計には含まれることとなります。

が包含する〝でっち上げ〟的なニュアンスは、受け手が感じる印象が大きく異なるものといえるためです。

あと、利益操作には、利益の過大表示だけでなく、利益を過少にみせるいわゆる「逆粉飾」というものもあります。「逆粉飾」が行われるのは、例えば儲けすぎに対する批判の回避や、下請け企業が上からの値下げ要求を避けるための目的で行われます。税務上の過少申告を狙った、いわゆる「脱税」とも若干異なるのですが、逆粉飾は利益の過少表示のため、結果として「脱税」となることが多いといえます。

次に「粉飾」の動機や手口、罰則についてですが、これらに関しては上場会社の場合と非上場会社の場合とで分けて考えた方がよさそうです。まずは動機について、上場会社が行う粉飾については、①社会に評価されたい（例えば、株価を高位に保つことで株主からの評価を得るなど）、②社内で評価されたい（社内における厳格な予算の達成など）、③上場廃止規定に抵触するのを回避するため、の主に3つに分類することができそうです。

それに対して、非上場会社の場合は、①銀行融資のため、②M&Aにおいて高値で売り抜きたいため、③建設業等で入札基準をクリアするため、などが考えられますが、現実問題としては圧倒的に①が多いです。

次に手口ですが、上場会社の場合は、それこそ監査法人の監査を潜り抜けるくらいの「粉飾」ということになりましょうから、必然的に手の込んだものとなります(※2)。一方、非上場会社の場合は特に手の込んだものはなく、売上債権や棚卸資産の水増しであったり、費用の資産計上(人件費の資産計上や原価の付け替え等)、売上の先行計上・経費の翌期繰延、減価償却費の過少計上などシンプルな手口である場合が非常に多いと思われます。

最後に罰則ですが、上場会社の場合はいわずもがな「有価証券虚偽記載罪」に問われることとなり、役員等に対して刑事告発がなされるといった重いものとなっております。カルロスゴーン氏もまさに今、この罪を問われているところです。ただ、刑事告発まではいかない「粉飾」に関しては、課徴金の納付命令という行政上の処分にとどまります。これは会社に対して課されるもので、役員等の

(※2) 手の込んだ「粉飾」については、第4章の事例を参照ください。

個人に課されるものではありません。

非上場会社の場合の罰則については、確かに上場会社における「有価証券虚偽記載罪」に相当する「計算書類等虚偽記載罪」というものがあるものの、実例はほとんどなさそうです。非上場会社における粉飾のほとんどが融資目的であることとの関係上、罰則といえば詐欺罪に該当する場合が大部分ということになります。

*

ここ最近では、世間を騒がせた事例が2つほどありました。まずは、振袖販売・レンタル業のはれのひです。この事案は、返済する意思がないにも関わらず、千葉県柏市に新規出店するための融資名目で、売上高を水増し計上した決算書類を提示し、横浜市の銀行から3500万円をだまし取ったというものでした。ただ、それ以前の時点で銀行からの借入金残高が2億円に達しており、すでに債務超過に陥っていたということです。

もう一つが格安旅行会社のてるみくらぶです。この会社の場合は、粉飾決算が判明する3年前の段階で大幅な赤字であったのを黒字に偽装するという「粉飾」に手を染め、その虚偽の決算書をもとに三井住友銀行から2億円の融資を受けるというものでした（※3）。

この2つの事例やそれ以外の類似事例を見てわかるのは、粉飾決算が詐欺罪に該当するか否かという点においては、返済能力（借りたお金を確実に返すアテ）が融資を受ける時点であったのかどうか、そして債務者（借入をした会社の代表者）における返済意思の有無という2点についてが主な裁判の争点となっております。

後者の意思については債務者の内面の問題であるので外部からは計り知れないものであることは言うまでもないのですが、前者の返済能力についても、それがあるのか否かはその事業の将来性に依拠するものです。よって、両者ともに判断するのは非常に難しいといえます（※4）。

（※3）ただ、この会社は旅行業の中でも前受金ビジネスを営んでいる会社ですから、負債総額151億円の大半は旅行申込者からの預かり金であったわけです。にも関わらず、旅行申込者は決算書を見て申し込んだわけではないので、旅行申込者との関係では詐欺罪には該当しません。

（※4）仮に借入に見合う定期預金や不動産等の担保があれば、返済は確実であるといえましょうが、そうではない場合、そもそも銀行の融資で返済されることが確実なものなどないのではないでしょうか。

ただ。その返済能力の有無については、財務上の尺度としては赤字か黒字かといった点や、債務超過か資産超過かというところを考慮することで、どうやら裁判の上では詐欺罪への該当性（いわゆる「粉飾」の悪質性）を判断するようです。先の例でいいますと、はれのひの場合は債務超過であるにもかかわらず資産超過の粉飾決算書を作成し、てるみくらぶの場合は赤字なのを黒字の粉飾決算書を作成し、それぞれ融資を受けているために悪質であると判定されているわけです。

これは、そもそも銀行は債務超過や赤字の会社に融資をすることなどないという前提に基づいたものですが、この前提自体がアナクロニズムなものといわざるを得ません。企業における融資の返済能力といった場合は、まさに将来におけるキャッシュ・フローの創出能力のことであり、さらにそれは企業価値といったものに直結していくことは今や常識です。赤字か黒字か、または債務超過か資産超過かといったものはあくまで過去の事象の結果に過ぎず、よってここでいう返済能力とは何ら関連性はないのです。

補足

☞一口に「粉飾」といった場合でも、上場会社と非上場会社においては意味合いがかなり異なります。非上場会社における「粉飾」の99％は銀行融資の目的といっても過言ではありません。

☞資産の不正流用というのは企業の役職員が、自社の資産を私的な目的のために不正に流用することで、窃盗や横領も含みます。資産の不正流用が行われた場合というのは、結果として財務諸表の虚偽表示の原因になることが多いといえます。

例えば、大王製紙の会長による会社資金の不正流用事件は、貸付金に係る貸倒引当金の計上不足と（今では）解釈されていますし、日産の場合も、２０１９年３月期の決算において、支払いが繰り延べられて支払われていない未計上であったゴーン氏の報酬費用など、過年度において処理されていない金額（４４１１百万円）の費用計上を行なっており、まさにここでいう「粉飾」に該当します。（ただ、周知のとおり当該報酬費用が発生していたかは、今後事実認定の問題として争われることとなりますし、そもそも今回の起訴内容は「粉飾」ではありません。）

2、内部統制は「粉飾」の防波堤になっているのか

驚くほどの数の「粉飾」に関連する書籍が書店の棚に並んでいるのを目にしますが、それは今流行りの第三者委員会であったりフォレンジック（※1）といった業務の実施主体の方々が執筆されているものがその多くを占めております。おそらく、今後は大手監査法人による「粉飾」防止に係るＡＩ関連の書籍も数多く上梓されてくるものと思われます。

洋の東西を問わず、これまでの歴史を振り返ってみても社会問題化するような「粉飾」事件があるたびに、それに付随する形で制度やシステムが整備されていくというように、「粉飾」に対しては「仕組み」によって解決しようとするところがあるようです。例えば、２００１年は米国の大手電力卸売会社のエンロン、２００２年に米国の長距離通信大手のワールドコムの巨額粉飾事件が有名ですが、これは米国版ＳＯＸ法が成立するきっかけとなったものです。

日本もそれに遅れて２００６年に、金融商品取引法に基づく内部統制報告制度

（※1）フォレンジックとは、直訳すると「法廷の」という意味で、パソコンなどの端末やサーバーなどの電子機器の中から法的証拠や手がかりを探し出したりすることです。会計データの場合はその粉飾の金額を算定したりもします。

（※２）が導入され、また会社法においても内部統制システムの構築義務が求められることとなりました。これは２００８年から運用されていくわけですが、それ以前の２００５年のカネボウ事件や２００６年のライブドア事件などの「粉飾」事件が多発していたのと無縁ではありません。

２０１２年にはオリンパス事件があって、これも世間に大きな衝撃を与えたことは記憶に新しいですが、その後の２０１５年には金融庁と日本証券取引所が中心となってコーポレートガバナンス・コード（※３）が制定されるに至りました。ただ、この２０１５年というのは東芝事件が発覚した年でもあり、この頃を境にシステム（特に内部統制報告制度）自体の有効性に疑問符が付き始めてきたのは火を見るより明らかでした（※４）。

すなわち、これは内部統制監査の実務に現に携わっている私の実感からしてもそうなのですが、経営者の側も監査が通るか否かという視点のみで内部統制というものを捉えてしまっているフシがありますし、監査人の側も例えば25件のサンプリングをしたものをただ形式的にチェックすればいいと考えているフシがあり

（※２）いわゆる「Ｊ－ＳＯＸ」と呼ばれるものです。経営者に対しては、自社の財務諸表に係る内部統制の整備・運用状況の評価に基づいてその結果を内部統制報告書として開示させ、その内部統制報告書に重要な虚偽の表示がないかどうかについて公認会計士または監査法人による監査を義務付けるという制度です。

（※３）上場会社が守るべき行動規範を示した企業統治の指針のことです。このコードにおける最も大きなトピックは、取締役会において社外取締役を２名以上置くことが求められるところです。

（※４）その間にも、全社的リスクマネジメント（ＥＲＭ）が流行したり、また監査人に対しては「監査における不正リスク対応基準」なるものが制定され

ます。このように、双方にとって形式主義に陥ってしまっているという意味では、制度疲労といいますか、すでに形骸化を招いてしまっているというのは多くの識者も指摘するところであります。

つまるところ、「粉飾」を抑制するための制度対応を必死のパッチでやったところで、すぐに形骸化を招いてしまうことになるのではないかというのが個人的な見解です。というのも、制度の中身がどうであれ、最終的に行きつくところは企業経営に携わる人々の倫理観であったり道徳観によるものだからです。制度とかシステム、ルール、規範といったものに対して膨大なエネルギーを費やして整備したところで、運用する人間の倫理観や道徳観に欠ければ「粉飾」はいつまでたっても根絶やしにすることはできません。

このような文脈でいうと、コーポレートガバナンス・コードについても「粉飾」防止に対する有効性については甚だ疑問視しています。確かに、社外の人間を入れないより入れた方がいいというのには異論はありません。しかし、それでもこのガバナンス制度自体の「粉飾」防止に対する実効性が弱いと考えている理

たりもしました。

由は、道徳観や倫理観といった人間の心以前の問題として次の2つの壁があるからです。

一つは専門性の壁です。実際に業務執行を行っている人間とそうでない人間の知識レベルの差はかなりあって、少なくともその会社の業務内容やビジネスモデルを熟知しないことには「粉飾」の兆候を掴むことは困難であるということです。もう一つは、常勤・非常勤の壁です。常勤ですと、企業内にいる時間が多いということですから、その分様々な情報に触れる機会が多いため「粉飾」の端緒に接する機会もあろうかと思いますが、非常勤ですとその機会がないわけではないですが、限りなく少ないといえましょう。

*

内部統制に話を戻しますと、もう一つ制度的矛盾といいますか、例えば財務諸表に虚偽の表示が発見され、有価証券報告書の訂正があった場合、それに伴って内部統制には重要な不備があったということで、内部統制報告書の訂正も同時に

図6　内部統制報告書

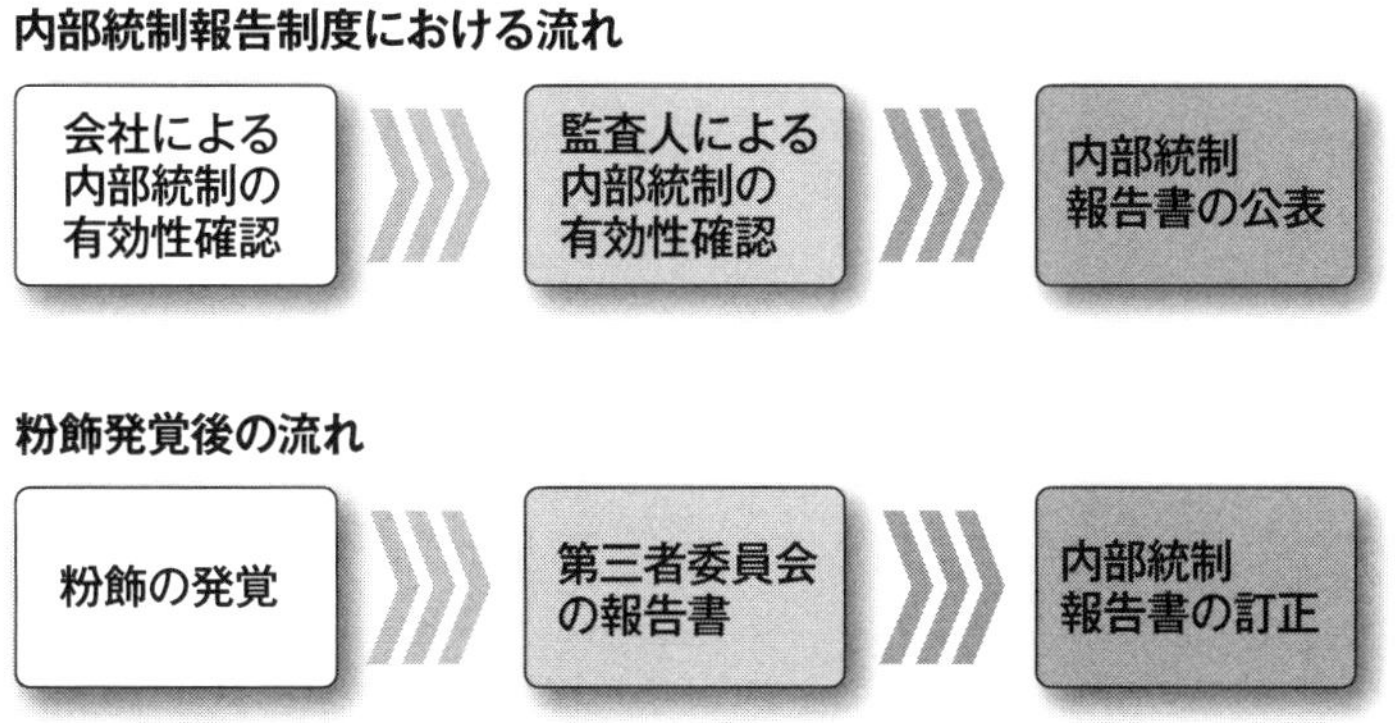

行われたりします。しかし、そもそも内部統制というのは土台であって、その土台がしっかりしているから適正な財務諸表が作成されているといえるわけですから、そこには因果関係が成立しているはずです（決して相関関係ではありません）。

要するに、内部統制には不備がないと報告しておきながら、「粉飾」が発覚すると決算・財務報告プロセスの一部で実は不備がありましたという内容の報告がされるということへの何かしっくりこない違和感です（※5）。特段それが間違っているわけではないのでしょうが、順序のおかしさという意味では、〝できちゃっ

（※5）「粉飾」が発覚したため、それをいち早く公表する必要があるわけですが、そこに今流行りの第三者委員会における報告書といったものを間にかませた後に、内部統制報告書の訂正という形で公表されることがここ最近の一つのトレンドと化しています。（**図6**参照）

た結婚〟に近い不自然さを感じます。

最後に、経営者不正と内部統制の関係について述べたいと思います。よく言われるのは、経営者不正は内部統制を無効化させるということですが、東芝における「チャレンジ」のように全社的な業績至上主義スタイルの会社の場合は、内部統制が「粉飾」へのブレーキどころかむしろアクセルになりかねず、その点では逆説的なものといえます。すなわち、粉飾を防止するための相互牽制の仕組みを作ったつもりがいつの間にか粉飾を促進する相互協力のシステムへと変貌を遂げているというわけです。

経営者が関与する「粉飾」といっても、経営者自らが会社の数字を改ざんすることなど事実上不可能ですから、その大部分が会社の管理部門を巻き込んだものといえます。そして、経営者のなかでは「会社の存続のため」とか「従業員の雇用を守るため」という汎用的な大義名分があり、さらに食品偽装や耐震偽装のようなものに比べて「粉飾」などは単なる数字遊びに過ぎないという罪の意識の希薄さもあいまって、さらには業績回復までのアドホックなものであると自らに言い聞かせたうえで「粉飾」に手を染めていくという特徴があります。

そして、経営者が関与する「粉飾」というのが最もたちが悪いといえます。というのも、従業員（だけ）が関与する「粉飾」というのは、せいぜい営業担当がノルマ達成のために行う売上の前倒しなどや、もしくは会社資産の流用などです。そして、それは早晩発見されるものですし、また金額的な重要性についても相対的に低いといえます。ですので、逆に巨額の「粉飾」といった場合はそこに経営者の関与があると考えて間違いないともいえるのです。

補足

☞経営者不正と内部統制の関連でいうと、例えば組織的な運営がなされている限りは内部統制上の販売プロセスや購買プロセスといった通常の業務プロセスにおいては経営者不正の入り込む余地は少ないといえます。しかし、決算・財務報告プロセスにおいては一部のスタッフだけで行われるため、経営者不正が行われる可能性は高いといえます。

☞不正の実行を思いとどまらせるような倫理観の欠如こそが、「粉飾」を行わせてしまう真因なのです。要するに、粉飾を抑止するためには、内部統制云々以前の問題として、経営者の資質や気持ちの持ちよう、すなわちコンプライアンス意識をどれだけ有しているかが重要だということです。

3、ポイント制度も会計上の見積りが必要

「会計上の見積り」というのは、決算書に含まれる金額のうち、将来の事象に依拠するために金額が確定できなかったり、過去の事象であるが金額を確定するための情報が不足している場合など、決算上、金額を見積もって計上しなければならないことをいいます。

わかりやすいのは貸倒引当金で、得意先の倒産などの理由で債権が回収できなくなるかもしれない金額を予想して、あらかじめ引当金として計上するものですが、これなどは未だ不明である将来事象、すなわち将来的に貸し倒れる可能性を何らかの方法で〝見積〟ったうえで引当計上するということです（※1）。

ただ、会計上の見積りについては、あくまで将来事象の予測に基づくものであるため、その将来事象を楽観視（又は悲観的見方を）していた場合には本来計上すべき金額との間に乖離が発生します。見積り自体、そもそも金額を正確に算定できるものではなく、経営者の仮定をどこに置くかによって、その計上額に一定

（※1）過去の貸倒実績率を用いて算定することになるのですが、具体的にどの期間を対象として実積率を算定するかや、何をもって貸倒実績とするかなど、実態に即した算定方法が採用される必要があります。

程度の幅が生じてしまうので、本来的に「粉飾」（意図的な利益操作）に用いられやすいという特性を有しています。

少し歴史をさかのぼると、１９９６年、我が国金融市場の活性化のために当時の総理大臣の指示によって行われた金融ビックバンに続いて、１９９９年に会計ビックバンが始まり、退職給付会計や税効果会計、金融商品会計、減損会計、企業結合会計など矢継ぎ早に新しい会計基準が導入されることとなりました。ここで従来の取得原価主義から原価・時価の混合主義（※2）へと大きく変更されることとなったわけですが、このあたりから「会計上の見積り」が企業会計において大きなウエイトを占めていくことになります（※3）。

これより、3節にわたって「会計上の見積り」を具体的に見ていきますが、まず本節では引当金について取り上げます。企業会計における引当金は、貸倒引当金をはじめ、賞与引当金、退職給付引当金、製品保証引当金、工事損失引当金、特別修繕引当金、返品調整引当金、債務保証損失引当金など、企業会計原則・注解18で定められている引当金の要件（※4）を充足するものについては引当金を計

（※2）取得原価主義の枠内において時価あるいは収益性の低下を反映させたものをいいます。

（※3）一方、税務においては「債務確定主義」という概念を採用しているため、会計と税務との乖離が生じていくこととなりました。この概念は、債務が確定しているもののみを費用の額として認識するという考え方ですので、基本的には経費を見積りによって計上してもそれは損金にはならないということを意味します。

（※4）いわゆる引当金の４要件です。①将来の特定の費用又は損失であること、②その発生

上しなければならないとされております（※5）。

*

ここでは、引当金のなかでもポイント引当金を取り上げてみたいと思います。百貨店や家電量販店、さらには航空会社のマイレージ制度もそうですが、顧客に対して利用に応じてポイントを付与し、顧客においては当該ポイントは次回以降のサービスに充当したりしています。決算日時点で残存している未使用のポイントというのは、企業側にとって引当金の要件を充足することとなりますので、実務においてはポイント引当金が計上されております。

ポイント引当金の算定なのですが、一般的にはポイント残高に（1－《マイナス》失効率）を乗じたうえで、1ポイントあたりの単価を乗じたものとして計算します。よって、このような見積り計算においては利用実績や失効実績などの利用状況の基礎データを整備しておく必要があります。すなわち、ポイント利用の実績データの管理システムを整備することで、将来の使用割合を過去の実績により合理的に見積もる

が当期以前の事業に起因していること、③その発生の可能性が高いこと、④その金額を合理的に見積もることができること、のすべてを満たしたものは引当金として計上しなければならないとするものです。

（※5）税務上は、引当金を計上しても損金に算入されないのですが、企業会計の実情を考慮して例外的に貸倒引当金だけはその計上が認められております。

ことができるようにしておくことが必要です。

図7の仕訳例とともに具体例で検討していきます。

・顧客に対して売上高100円に対して5ポイント付与し、次の買い物から1ポイント1円で利用できる制度を当期から開始したとします。
・当期の売上高は1000万円で（①）、当期末までに付与したポイントは50万ポイントですが、このうち翌期以降に利用される見込みは、45万ポイントと見積もられました（②）。（失効実績を1割と仮定）
・翌期の売上高は2000万円で、そのうちポイントが20万ポイント利用されました（③）。なお、この翌期売上2000万円に係るポイントの付与についてはここでは考慮外とします。

そして、2021年以降に強制適用される「収益認識に関する会計基準」（※6）においては、企業が行うポイント制度については顧客のオプションと考えられ、それは企業にとっての履行義務として識別されることとされております。つまり、

（※6）2018年から任意適用についてはすでに始まっております。

図7 ポイント引当金の仕訳例

時系列	従前の仕訳例	現在の仕訳例	補足説明
①商品売買時 →ポイント付与時	Cash10,000 ／ 売上高10,000	Cash10,000 ／ 売上高10,000	
②決算時（当期）	仕訳なし	販管費450 ／ ポイント引当金450	販管費は税務上は損金になりません。
③商品売買時 →ポイント使用時	Cash 19,800 ／ 売上値引 200 ／ 売上高 20,000	Cash 19,800 ／ 売上値引 200 ／ 売上高 20,000	売上値引ではなく販売促進費を用いる場合もあります。
④決算時（翌期）	仕訳なし	ポイント引当金200 ／ 売上値引200	

図8「収益認識に関する会計基準」の仕訳例

時系列	新基準の仕訳例	計算方法
①商品売買時 →ポイント付与時	Cash 10,000 ／ 売上高 9,569 ／ 繰延収益 431	10,000×10,000／10,450=9,569 10,000×450／10,450=431
②決算時（当期）		
③商品売買時 →ポイント使用時	Cash 19,950 ／ 繰延収益 191 ／ 売上高 20,141	431×200／450=191
④決算時（翌期）	仕訳なし	

ポイント制度における引当処理は認められないということになりました。（ただし、会計上の見積りの要素は残ることとなります。）

図8の仕訳例をみていただきたいのですが、ポイントを付与した時点では、企業にとっては履行義務を充足していないので負債（繰延収益）として認識し①、ポイントが利用されるに応じて、繰延収益から収益に振り替えるといった処理をしていきます③。そして、何より注意すべき点は引当金を計上する場合の売上高の金額とは異なるという点であります（※7）。

（※7）税務上もいくつかの要件を満たす限りはこの処理が認められることとなります。この具体例でいえば当期の所得計算だけでも431（＝売上高10，000−《マイナス》9，569）の差がでることとなりますが、特に所得の加減算の調整は不要ということになります。

補足

☞引当金については一定の仮定をもって算出するものなので、そもそも正確な金額など算定できないものです。よって、将来において金額が確定した場合には見積り額との乖離が生じることの方が通常であるといえますが、重要なのは乖離がどのくらいあるかということではなく、見積時点において最善の見積りが行われているかどうかということです。

☞ＩＦＲＳにおいては、公正価値評価を行う必要がある項目が日本基準に比して多く、それは会計上の見積りの要素が多く含まれているということを意味します。ただ重要なのは、実際の見積もり作業において、見積り時点における企業の状況に照らして実態と整合しているかどうかという点であります。

4、税効果の怖さ

非上場会社の経営者や経理の方には馴染みがないかもしれませんが（※1）、上場会社においては税効果会計（※2）という会計基準の適用が義務付けられており、その際に計上される繰延税金資産という勘定科目の特性について、若干数値例を交えてみていきたいと思います。

繰延税金資産というのは、一言でいうと税金の前払いです。企業会計上は費用として計上していても税務上は損金とはならないといった場合がありますが、多くの場合は会計上の費用は将来的に損金となりますので（※3）、それは税金の前払いをしていることと等しいということとなります。

というわけで、繰延税金資産の資産性、すなわち回収可能性があるか否かという点が税効果会計における最大の論点となるのですが、それは繰延税金資産が将来の発生税金を減額させる効果があるか否かということと同義となります（※4）。とりわけ、将来における税金負担額を軽減する効果が認められなければ、それは

（※1）非上場会社においても、任意ではありますが適用することが望ましいとされております。

（※2）会計上は費用計上したものでも税務上損金にならなかったといった場合（例えば、賞与引当金など）に、翌期に実際に賞与を支払った際には損金となります。その場合、会計上は引当金を充当するため費用計上はしないのですが、税務上は損金となるため、利益に対する税金を減額させる効果を有することとなります。税効果会計は様々な説明の仕方がありますが、本書ではこの程度の理解で十分です。

（※3）これを「将来減算一時差異」といいます。

回収可能性があると判断することはできないということとなります（※5）。

では、次に繰延税金資産の回収可能性を検討するプロセスについてですが、最も重要なのは収益力に基づく課税所得の十分性ということになります。これは、会社の本業の収益力から生じる将来の利益（課税所得）が、税金の前払い分（将来減算一時差異）や繰越欠損金を回収できるに足るものか否かを判定することとなります。

ちなみに、将来の課税所得を見積もる際には、取締役会等の適切な権限を有する機関の承認を得た中期経営計画などの業績予測を前提とする必要があります。機関決定された業績予測については、例えば経理部（だけ）で作成した事業計画等の財務数値よりも、経営者が一定の責任を負わなければならないという点で信ぴょう性があると考えられているためです。

また、繰延税金資産の回収可能性を検討するに際しては、業績予測のみならずタックスプランニングの存在によっても左右されることとなります。タックスプ

（※4）税務上の繰越欠損金について繰延税金資産を計上する場合も同様に、将来の発生税金を減額させる効果があるかを検討します。

（※5）会社法において、繰延税金資産は配当制限の定めがなく、回収可能性の判断を誤ると違法配当となってしまうので注意が必要です。

ランニングというのは、課税所得をいつどれだけ発生させるかという特別な計画のことです。例えば本業の収益力のみでは不十分であるといった場合に、含み益のある有価証券や土地等を売却することで課税所得を発生させるような計画がある場合には、それも織り込んだうえで繰延税金資産の回収可能性を判断できるということを意味します（※6）（※7）。

そして、税効果会計のルール上では、会社をいくつかに分類し、その分類に応じて回収が見込まれる繰延税金資産の額を決定することとなっております。ちなみに**図9**の回収可能性のところにでてくるスケジューリングとは、将来減算一時差異の解消時期や繰越欠損金の控除時期を見積もるということです。

このように分類上は会社の収益力によってカテゴライズされる一方で、その分類如何によって回収可能性が形式的に決まってしまうというところにこの特徴があります。例えば、分類3の会社の場合ですと、最大で5年分の課税所得の見積り額に基づいて繰延税金資産を計上することができるのですが、分類4の会社の場合ですと、翌期分のみの課税所得の見積り額に基づいた繰延税金資産しか計上

（※6）ただし、取締役会決議で売却等の計画が承認されているなど、売却時期や売却額が現実的であることが必要となります。

（※7）繰延税金資産の回収可能性の検討プロセスには、将来加算一時差異の十分性の検討というのもあるのですが、実務においてはさほど重要ではないので説明を省略します。

図9 繰延税金資産の回収可能性

分類		概要	回収可能性
1		期末における将来減算一時差異を十分に上回る課税所得を毎期計上している会社	全額回収可能性あり
2		期末における将来減算一時差異を十分に上回るほどの課税所得は計上してないが、業績は毎期安定している会社	スケジューリングの結果に基づいて繰延税金資産を計上している場合は、全額回収可能性あり
3		期末における将来減算一時差異を十分に上回るほどの課税所得は計上しておらず、業績も毎期不安定な会社	5年内の課税所得の見積額を限度として、スケジューリングの結果に基づいて繰延税金資産を計上している場合は、当該繰延税金資産は回収可能性あり
4	原則	過去（3年）または当期において、重要な税務上の欠損金が生じている会社	翌期の課税所得の見積額を限度として、スケジューリングの結果に基づいて繰延税金資産を計上している場合は、当該繰延税金資産は回収可能性あり
	例外	上記に該当する会社であっても、将来の課税所得の十分性が合理的に説明できる会社	分類3とほぼ同様
5		過去（3年）及び当期のすべての事業年度で、重要な税務上の欠損金が生じている会社	全額回収可能性なし

することができないので、実務においてもその差は非常に大きなものになります（※８）。

＊

数値例で確認しましょう。将来10か年の課税所得の見積額とそれに見合う繰越欠損金の解消（控除）スケジュールを示したものが**図10**になります。

例えば、成り行きベースでこのようなスケジューリングとなっている会社が分類３の会社であれば、５年分の課税所得の見積り額（５００＝×１～×５までの課税所得の見積額の合計）に基づいて１５０（＝５００×30％の実効税率）の繰延税金資産が計上できるのに対して、分類４の会社とされた場合は翌期の課税所得の見積り額（１００＝×１の課税所得の見積額）に基づいて30しか繰延税金資産が計上できないということになります。

そして、仮にこの分類４の会社が含み益５００の不動産を有していて、これ

（※８）分類４において「重要な税務上の欠損金」とありますが、具体的な重要性の判断基準は会計基準において示されておりません。

図10 繰延欠損金の解消スケジュール

	欠損金の解消年度									
	×1年	×2年	×3年	×4年	×5年	×6年	×7年	×8年	×9年	×10年
課税所得の見積額	100	90	100	100	110	110	110	110	110	110
繰越欠損金										
-800	-100	-90	-100	-100	-110	-110	-110	-80	0	0
差引	0	0	0	0	0	0	0	30	110	110

が翌期に売却される蓋然性が高いといった場合、600（＝100＋500）の課税所得の見積り額に基づいて180もの繰延税金資産の計上ができることとなります。これこそが先ほど説明したタックスプランニングになります。

2003年にりそな銀行の会計監査を担当していた公認会計士が自殺を図ったという衝撃的な出来事がありました。これは、りそな銀行の自己資本比率が4％を下回ったために、資本増強目的で公的資金が注入され実質国有化されたのですが、この自己資本比率4％というのが当時国内銀行において健全であるとみなされるラインとされていました。

それまで繰延税金資産については5年分の見積

可能期間を監査法人として許容していたところ、２００３年３月期の決算において、監査法人の側が今期は3年分しか認められないといった厳格な姿勢に転じることとなりました。それでは自己資本比率４％を下回ってしまい困るということで、りそな銀行側は必至で抵抗しました。この担当会計士は両者が丁々発止のやり取りを繰り広げた中で板挟み的なプレッシャーを受けてしまったために自殺へと追い込まれたと言われています。

補足

☞本業の業績が悪化した場合、将来の業績予測も従来のものからより現実的で厳しめの利益計画へと変更が迫られます。そうすると繰延税金資産の取り崩し（引当金の計上）を迫られ、結果として会計上の利益のさらなる減額（もしくは赤字のさらなる拡大）となります。業績の悪化は、このような玉突き事故を起こす可能性があるので注意が必要です。

☞りそな銀行のケースと同様に栃木の地銀である足利銀行においても同じような出来事がありました。足利銀行の場合は、繰延税金資産の見積可能期間は全く認められず、その結果、債務超過に陥ったのちに公的資金の注入、そして国有化という流れとなりました。

5、のれんは鵺《ぬえ》のようなもの

会計上の見積りの最後は、のれんの評価についてです。のれんというのは飲食店などの軒先に揺れている店名の書かれた暖簾が語源で、歴史や実績などに裏打ちされたお店の信用のことを意味します。会計の世界でいうのれんというのは、買収された企業の純資産価額と買収価額との差額のことをいいます（※1）。

理論的に正しいか否かはさておき、買収する側がなぜ被買収企業の純資産価額よりも多額の買収価額でM＆Aするのかということへの説明として、それは被買収企業の純資産には計上されていない無形の価値があるためだと言われます。その無形の価値というのはブランドイメージであったりビジネスモデル、優秀な従業員、製造ノウハウ、業界における優位的地位などが該当します。そして、これらは超過収益力を意味するとされており、これこそがのれんの発生要因とされているものだといわれます。

決算書においてのれんが計上される場合というのは基本的にはM＆Aを行った

（※1）会計上ののれんというのは差額概念です。（**図11**参照）

際のみであります。これは、日本基準において自己創設のれんの計上が認められないことを意味します。自己創設のれんというのは、自社において長年にわたって内部で培ってきたブランド等の無形の価値を意味しますが、このような自社の無形の価値は客観的に算出することが不可能であるために、会計上も資産計上が認められておりません（※2）。

日本基準において無形資産であるのれんについては、20年以内のその効果の及ぶ期間にわたって、定額法その他の合理的な方法によって規則的に償却していくこととなっております（※3）。そうすると、M&Aの効果の発現期間を見積もって、その期間で償却するということが理論的でありますから、被買収企業のビジネスモデルの持続可能期間（ライフサイクル）を見積もる必要があります（※4）。

このように、日本基準において規則的償却が必要なのは、のれんが超過収益力を意味するということである限り、その後の競争の進展によって通常はその価値というのは減価していくはずであると考えているためです。よって、のれんの効果が及ぶ期間や減価のパターンは正確には予測できないにしても、一定の期間に

（※2）資産・負債の公正価値評価を特徴とするIFRSにおいても、自己創設のれんについては信頼性をもって測定できるようなものではないという理由で資産には計上しないこととされております。

（※3）個別案件ごとに償却方法と償却期間を決めることができます。

（※4）ただ、実務上はM&Aの対価の算定基礎とした投資の回収期間をのれんの償却期間とすることも認められています。

わたって規則的に償却するのがロジカルであるといえます。

それに対してＩＦＲＳは、のれんは償却しない代わりに、買収した企業の減損テストを毎期行い、業績が下がるなどして減損テストに引っかかった場合に初めて減損処理を行うものとしています。これは、のれんのような超過収益力はそもそも企業が永続している限りは消滅することなどあり得ず、よって日本基準のように恣意的な期間で償却するというよりも、厳格で実用的な減損テストを行う方が投資家にとってより有用な情報を提供できると考えているためです。

ちなみに、日本基準においてものれんは減損会計の対象であるため、買収した企業の業績が悪化した場合などは減損処理が行われることとなります（※5）。そして、のれんを減損する額を見積もるのに際しての数字的な拠り所は何かということですが、それが前項の繰延税金資産の回収可能性の判定のところでもでてきた将来の事業計画なのであります（※6）。

というのも、通常であれば、ある企業を買収するに際しては企業価値を評価し

（※5）端的にいうと、日本基準は「規則的償却＋減損処理」であるのに対してＩＦＲＳや後述する東芝が採用する米国基準は「非償却＋減損処理」という違いであります。

（※6）のれんの取得時（買収時点）の将来事業計画においても、例えば取締役会等によりその策定等が決定されると考えられることから、見積りの際にはこのような合理的な計画を用いる必要があります。

たうえで買収価額を決定することとなりますが、その企業価値評価の手法についてはＤＣＦ法（※7）による評価が一般的であり、そのＤＣＦ法を採用する際の将来キャッシュ・フローというのは事業計画をベースに見積もられることとなるためです。

＊

ここまでがのれんについての説明になりますが、実務のうえではのれんの減損の有無というのがよく争点となります。ここで触れておきたいのが、東芝におけるのれんの減損の先延ばし疑惑についてです。これは、２００６年10月に東芝が原発関連の会社であるウエスチングハウス（以下、ＷＨといいます。）を６５００億円で買収したのですが、この時のＷＨの財務状況は資産が５５００億円、負債が３０００億円でしたので、純資産が２５００億円でした。買収金額と純資産の差額４０００億円のうちブランドネームとして５００億円を非償却の無形資産とした残りの３５００億円についてののれんとして計上しました。

（※7）ＤＣＦ法とは、企業が生み出す将来キャッシュ・フローの総合計を一定の割引率によって現在価値に割り引くことによって企業価値を算定することです。

その後、東芝の子会社であるWH単体の決算において2013年3月期に762億円、2014年3月期に394億円ののれんの減損処理を実施していたにも関わらず、東芝は連結上において当該減損損失を取り消すこととして、減損の計上をしませんでした（※8）。ただ、その後の2016年3月期に「粉飾」（※9）が発覚したことに起因する社債の格付けの低下を理由とした減損損失2600億円を計上することになりました。

一旦WH単体において計上されたのれんの減損損失を東芝が連結上で取り消したという事実については、まさに悪質なる「粉飾」に該当したのではないかといわれております。ただ、会計ロジック的には必ずしも間違いではない処理方法といえます。

すなわち、WHと東芝とでは減損テストの方法（主にグルーピングの問題）が異なっており、WHでは4つの事業グループに分けたうえで、それぞれ減損テストを行っていたのに対して、東芝は連結上ではWH全体で1グループとみなして減損テストを実施していたためです。よって、結果的にWHのやり方では減損損

（※8）WH単体において計上されていたのれんというのは、上記3500億円ののれんです。本来は親会社である東芝の連結決算において初めてのれんが計上されると考えられるところ、「プッシュダウン会計」という特殊な会計処理を採用していたためにWH単体において計上されていたというわけです。

（※9）第4章の工事進行基準の「粉飾」で解説しております（P166参照）。

失が生じるものの、東芝の方法では生じないということは理論上あり得るということです。

ただ、２０１１年には日本においても東日本大震災があったこともあり、原発ビジネスについては先を見通せない状況であったにも関わらず、それでも将来の収益性については特段問題ないとして巨額ののれんを計上し続けました。その後の原発事業の悲惨な状況等を鑑みても、やはりその当時の（減損を検討する際の）事業計画は現実とはかけ離れたものであって、減損テストにおける見積りが誤っていたのではないかという疑念は残ります（※10）。

＊

次は、結果にコミットすることで有名なＲＩＺＡＰグループの事例です。本節の冒頭でのれんとは「買収価額（投資価額）」と「買収された企業の純資産」との差額のことであり、前者が後者を上回る場合に発生するといいましたが、逆に下回るという場合も現実にはあって、その場合は会計上〝負ののれん〟が計上さ

（※10）東芝の一連の出来事における補足ですが、２０１５年12月にＷＨがストーン＆ウェブスター（Ｓ＆Ｗ）という会社を買収したのですが、その一年後の２０１６年12月にＳ＆Ｗにおいて６４００億円もの追加工事が発生することが判明しました。これを受けて東芝では、会計上の処理として一旦は「のれん６４００億円／工事損失引当金６４００億円」と計上してから「のれん減損損失６４００億円／のれん６４００億円」と減損を行うことになり、その結果、２０１７年３月期において東芝は債務超過に陥ることとなってしまいました。

れます。（**図11**参照）

ＲＩＺＡＰは、当初から負ののれんの計上を狙っていたのではと言われています。というのも、純資産価額以下で取得できるようなＭ＆Ａということですから、当然そのような会社は経営不振企業であることが想像できます（超過収益力がないということですから）。よほどテコ入れしないとその後の収益化は難しいという状況で、このような会社を次々と買収していったのは、会計上「負ののれん」は一度に利益計上できるというルールになっているため、同じような経営不振企業を何社も買収し続けていくことで、その年度での負ののれんの収益計上を図ることができてしまいます。要するにＭ＆Ａしただけで利益が計上されるということです。

さらに、日本基準では負ののれん償却益が特別利益として計上されるところ、ＲＩＺＡＰはＩＦＲＳを採用しているため、営業利益の構成要素として計上されることとなり、本業での儲けの一部として計上されているということも付け加えておきます。ＲＩＺＡＰは直近の２０１９年３月期では１９３億円もの大幅赤字

図11 のれんと負ののれん

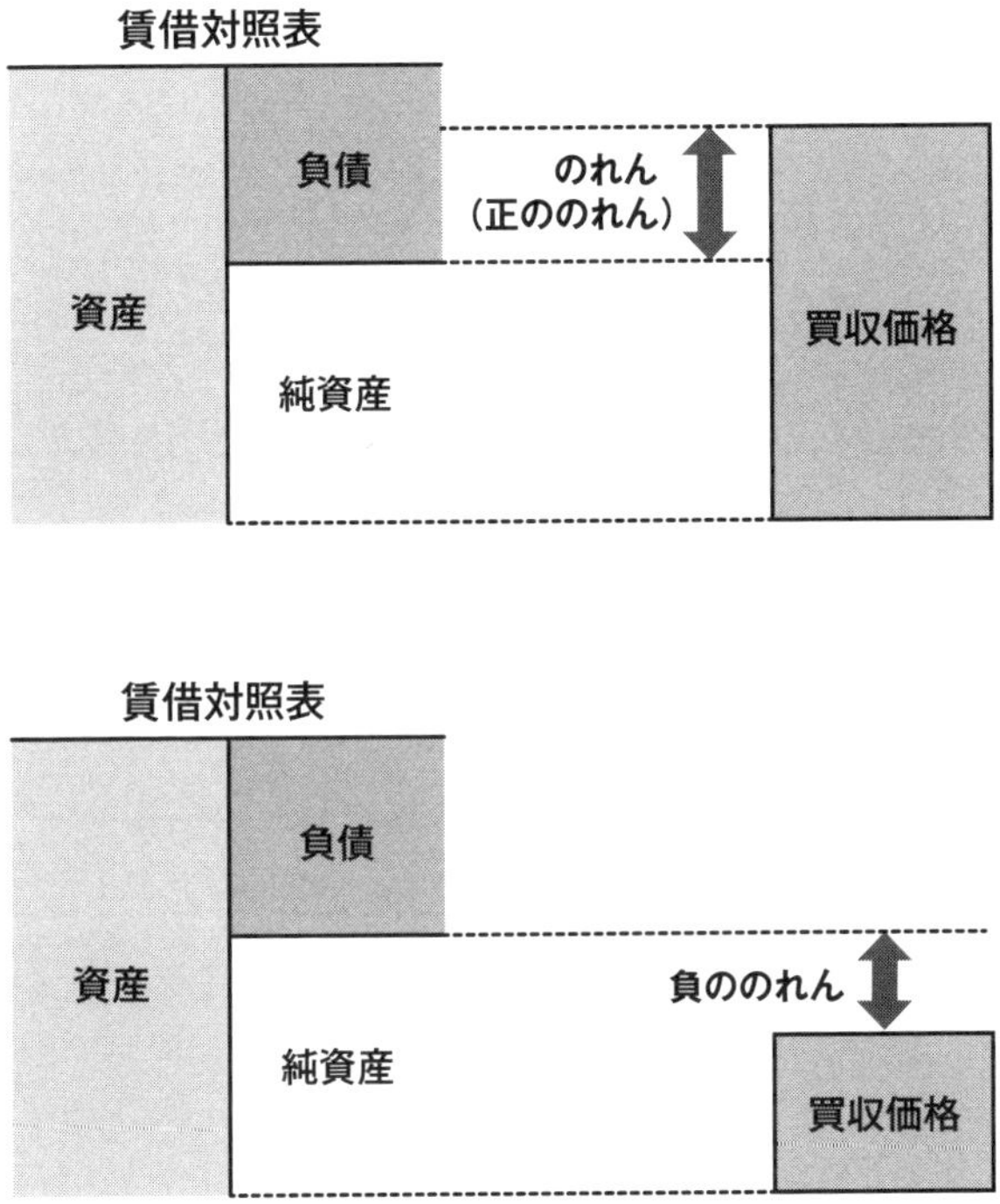

を計上することとなりましたが、これに関してはそれまでの間の負ののれんの即時収益化という会計上のテクニックを用いて必要以上に利益を嵩上げしてきた揺り戻しであると捉えることもできるかと思います。

＊

最後に、コメダ珈琲で有名な珈琲店チェーンのコメダホールディングスの事例で締めくくりたいと思います。この会社は２０１６年に上場するのですが、それ以前の２０１３年にある投資ファンドからＬＢＯ型で別の投資ファンドにＭ＆Ａされており、そこで多額ののれんが計上されることとなりました。

ＬＢＯ（レバレッジドバイアウト）というのはＭ＆Ａの一手法で、買収対象の企業のキャッシュ・フローを担保に借り入れを行い、それを元手にして買収を行うというものです。買収資金の大部分を借入金で賄うため、自己資金が少なくても効率的にＭ＆Ａができるという利点があります。

図12を見ていただきたいのですが、①まず買収資金を一旦集める受け皿となるSPC（特別目的会社）を設立したのち、②そのSPCが銀行から借り入れ（LBOローン）を行います。そして、③SPCは買収対象となっている会社（この事例ではコメダになります）の株式を買い集めます。100％まで買い集めたらその後に④SPCとコメダは合併を行います。LBOローンについてはコメダに帰属することとなるので、コメダにおけるその後の営業キャッシュ・フローから返済していくこととなるというものです。

その後、コメダはIFRS適用企業として上場することとなるのですが、まずひとつにこの会社におけるのれんというのは何を意味するかというとそれは、紛れもなく実質的な自己創設のれんなのであります。また、その自己創設のれんもコメダの場合はIFRS適用ということで償却しなくてもいいということとなっております。その意味では、現行では認められていない自己創設のれんが（本業の業績が悪化しない限り）永遠とBSに計上され続けるという、えも言われぬ不自然さを感じるのは私だけでしょうか。その意味で、のれんというのは実体のない色即是空なのであります。

図 12 LBO スキーム

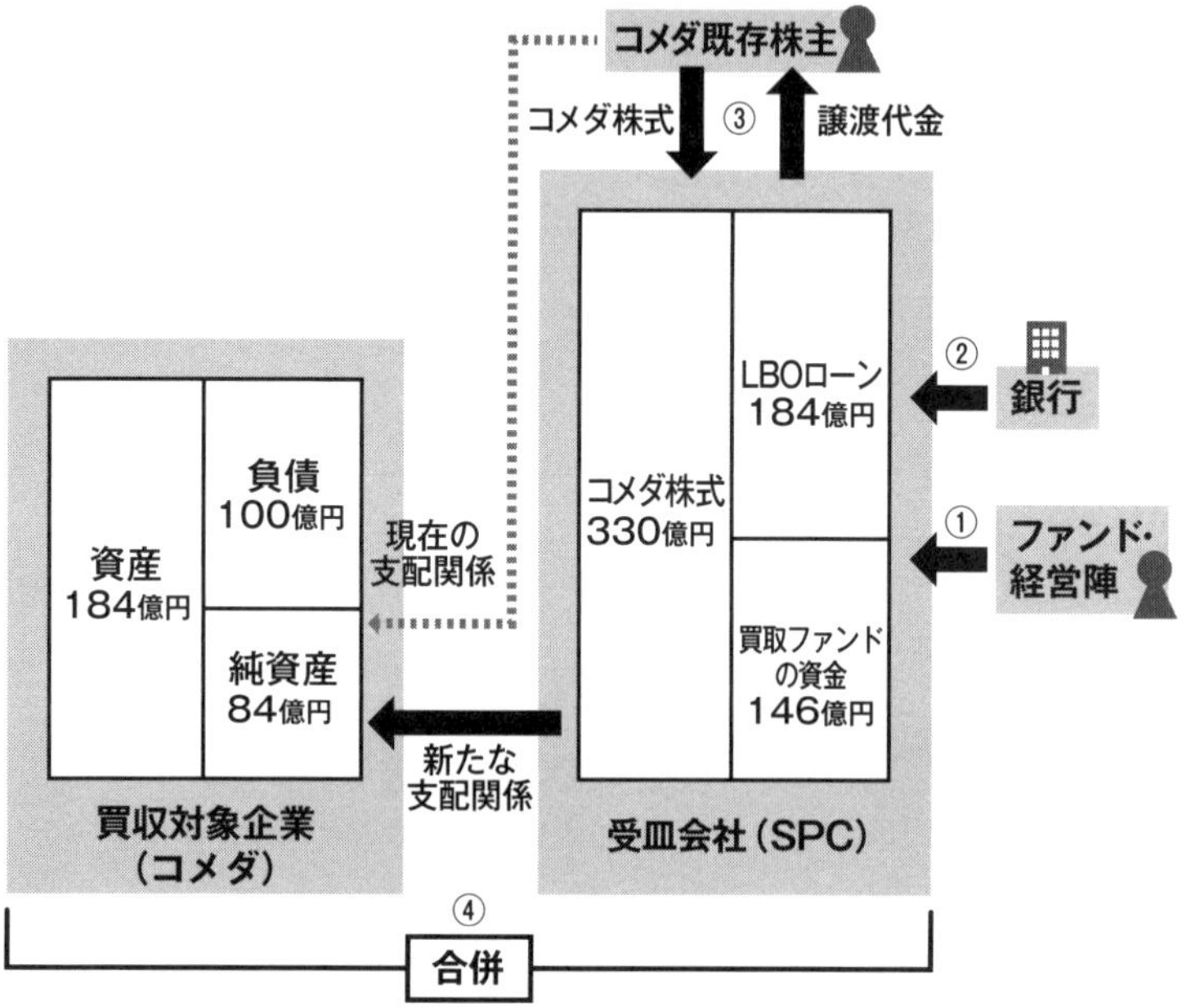

合併後、株式330億円と純資産84億円との
差額246億円がのれんとして計上される

補足

☞日本基準とＩＦＲＳの最も大きな相違点がのれんの減損の有無になります。日本基準はのれんの費用化によって毎期の収益を圧迫することとなりますがＩＦＲＳにおいてはそれがないというのがメリットとして説明されます。ただ、ＩＦＲＳはのれんを償却しないので、一旦のれんの価値が毀損した場合は多額の減損を計上する必要があり、そのリスクはのれんがある限り残り続けることとなります。

☞のれんの定期償却を不要とするＩＦＲＳにおいてはＭ＆Ａし易い会計基準であると言われます。のれんの規則的償却が不要だという理由で日本基準からＩＦＲＳへ変更する企業もあるほどです。ただ、ＩＦＲＳを策定するＩＡＳＢ（国際会計基準審議会）において、現行ルールでは財務へのリスクが大きいとして定期償却すべきであるという意見もちらほら出てきているとのことです。

第3章

「脱税」総論

1、節税→租税回避→脱税

脱税とは、厳密にいうと検察から告発されて裁判で有罪になったものに限られます。よって、新聞等の報道においても脱税という言葉が使われるのは、国税局査察部（マルサと呼ばれるところです）が強制調査した事案に限定されることになります。そして、マルサが取り扱う事案というのは、基本的には3年間の脱税額が1億円を超えるものでかつ悪質性があるものが該当します。（※1）

報道では「所得隠し」という言葉とセットで使われるケースが多いです。例えば、最近のものですと、大阪城の近くのたこ焼き屋が3億3000万円の所得隠しで脱税額1億3200万円とか、青汁王子の場合は数億円の所得隠しで脱税額1億8000万円、といった具合です。

このように、法律上の脱税という用語は、実は一般的に考えられているものよりも狭義なものだということです。ですので、仮に悪質な脱税額が500万円程度あったとしても、それは前述の理由から脱税として報道されることはなく、本

（※1）金額ベースで1億円といいましたが、それは少し前の話であって今では悪質性が伴えば3000万円程度の脱税でも告発されるケースもでてきました。その意味では、起訴される脱税額の閾値は下がっているといえます。

来納めるべき税金とともに重加算税という罰金を課せられて終了というケースの方がむしろ実例としては圧倒的に多いわけです。そして、よしんばマルサがこういったケースにおいて調査に乗り出したとしても、検察庁に告発するというところまで至らないということになります。

最初に、悪質性の有無について触れましたが、では何をもって悪質であるといえるのかといいますと、「仮装・隠蔽」という言葉で表現されるものがそれに該当します。税務の世界では、仮装＝〝故意に事実を歪曲すること〟と隠蔽＝〝税金計算の基礎となる事実を隠すこと〟と認定された場合に悪質性があると判断されることとなります。

ちなみに、新聞等の報道では「申告漏れ」という言葉もよく目にするかと思いますが、これは単なる経理ミスであって、「所得隠し」や「課税逃れ」のような悪質性は伴わないものとされています。この原稿を書いている最中にあった事案で、ソフトバンクグループが４２００億円の「申告漏れ」があったという報道がされましたが、これがもし「申告漏れ」ではなく「所得隠し」だったら大変なことになるわけです（※2）。

ここで、重加算税について少し説明を加えます。重加算税は、仮装・隠蔽と評価すべき行為があった場合に、本税に対して35％という重いペナルティを課すものとなっております（※3）。そして、その要件である仮装・隠蔽なのですが、まず〝仮装〟の具体例をいうと、存在しない架空の取引先名を用いて取引を偽装してるような場合や、調査官の質問に対して嘘の回答をした場合（虚偽答弁）などが該当します。

〝隠蔽〟の具体例は、二重帳簿を作成し税務署提出用と本来の業績が反映されている帳簿を使い分けていたり、会社が得ている副収入を故意に申告しなかったりといった場合を指します。

そもそも、仮装・隠蔽というのは納税者にとって内心の問題であるという側面もあるわけですから（※4）、実務において客観的に立証するのは幾分困難であるといえます。よって、例えば先述のような積極的な仮装・隠蔽行為とまではいか

（※2）「●●国税局との見解の相違はあったものの、当局の指摘を踏まえ、適正に税務申告をさせていただいたおります。」といった納税者側から発信される文言はもはやテンプレ化しているといえます。

（※3）提出した期限内申告書に記載した税額が本来の税額より少なかった場合に課される過少申告加算税（10～15％）に代えて35％、申告期限までに申告せずに遅れて申告し納税した場合などの無申告加算税（5～20％）に代えて40％の重加算税が課されることとなります。

（※4）脱税額という金額的側面を捨象すれば、脱税の認定は結局のところ悪意の有無によって決まることとなり、それは結局のところ心の関数に還元されてしまいます。

なくとも、納税者が真実の所得を隠匿し、それが課税の対象となることを回避するために、所得金額をことさら過少にした申告をした場合においては、重加算税の賦課要件が満たされていると解されています（※5）。

逆に、重加算税がかからないケースというのもあります。それは、いわゆる「期ズレ」とよばれるもので、例えば今期に計上すべきであった売上高を翌期の売上高として計上していた場合などのことをいいます。そして、そのような期ズレには税法上は重加算税を課さないとされていることからわかるように、同じ「脱税」であってもP21でみた消極的脱税に該当するということがわかるかと思います。

＊

さて、ここまでは脱税について話してきましたが、その脱税とは少し異なり、また節税でもない概念として「租税回避」と呼ばれるものがあります。租税回避というのは、通常であれば用いられない法形式、すなわち異常な法形式を採用することで税負担の軽減や排除を図る行為であると説明されます。そして、納税者

（※5）ちなみに、これを「ことさら過少」と言ったりします。

が選択したこのような異常な法形式を認めず、通常の法形式に引き直したうえで課税を行うことを「租税回避の否認」といったりします。

「節税」との違いでいえば、節税は税法が予定しているところに従って税負担の減少を図る行為であるのに対し、租税回避は税法が予定していない異常な法形式を選択するものであるという点で違いがあります。そして、脱税というのは何度も申し上げている通り仮装・隠蔽を伴う税法違反であり、刑事事件にも服するタイプのものという点で租税回避とは異なるものです。

よって、租税回避に該当するような税逃れについては、仮に金額的重要性（例えば、1億円を超える税逃れ）があったとしても、脱税と異なり刑事事件にまで発展することはありません。また、第4章で紹介するＩＢＭの事例のように課税当局からいったんは租税回避に該当すると認定された場合であっても、最終的には納税者（ＩＢＭ）側が全面勝訴で終了するということもあります。

このような租税回避行為自体の是非というのも意見が分かれるところです。租税回避というのは悪く言えば税法の不備や欠陥を探して、そこの穴を突くような形で税負担を免れることといえますから、そういった行為が〝あくまで違法ではない〟という一点でもって許容されると解していいのか、それとも租税の公平負担という税法の趣旨に照らして許されないと解するのが妥当ではないのか。

そして、このあたりについては税理士や税法学者の間でも見解が分かれるところです。例えば、憲法84条は「新たに租税を課し、または現行の租税を変更するには、法律または法律の定める条件によることを必要とする」と規定して、いわゆる租税法律主義による旨を明らかにしています。要するに税法の規定によってしか租税を課すことはできないという思想です。

まるで憲法9条を金科玉条のごとくあがめる方々のように、租税法律主義を支持する方々が憲法84条を崇拝する理由は、予測可能性を重視するためです。すなわち、明文によって規制の対象となっていない取引について、事後的に法解釈を拡張することで規制の対象にできてしまうのであれば、それは納税者にとっての予測可能性を欠くことになるだろうということです。ひいては、課税当局に対して大きな裁量を与えることになってしまうことにもなります。

おそらくこれは永遠に尽きることがないテーマであるのですが、少し話を戻します。納税者の租税回避行為を通常の行為に引き直したうえで課税するというのを「租税回避の否認」といいましたが、この「租税回避の否認」が法定化されているものが、法人税法１３２条の行為計算の否認と、法人税法11条の「実質課税の原則」というものになります。

法人税法１３２条は、「税務署長は、……その法人の行為又は計算で、これを容認した場合には法人税の負担を不当に減少させる結果となると認められるものがあるときは、その行為又は計算に関わらず、税務署長の認めるところにより、その法人に係る法人税の課税標準もしくは欠損金額又は法人税の額を計算することができる。」という規定振りになっております。

また法人税法11条は、「資産又は事業から生ずる収益の法律上帰属するとみられる者が単なる名義人であって、その収益を享受せず、その者以外の法人がその収益を享受する場合には、その収益は、これを享受する法人に帰属するものとして、この法律の規定を適用する」と定められています。

この両者を見ていただいてもわかるように、実に曖昧で抽象的だと感じることかと思います。であるからこそ、実際に、このような曖昧な「法理」をことさら法の執行過程で強調することによる課税当局による権利の乱用というのは決して許されたものではないということは、税務実務を行っている筆者からしても切に感じるところであります。

補足

☞「租税回避」とは〝異常な法形式を採用することで税負担の軽減や排除を図る行為〟ですが、異常かそうでないのかの判断が割と困難な場合が実務においては結構あったりします。過去にP158で紹介しているフィルムリース事件の類似事例として航空機リース事件というのがあったのですが、それを契機として民法組合を利用して所得を圧縮した場合の租税回避防止規定が設けられました。このように「租税回避の否認」をするには税制改正を行うことにより個別に対応する必要があるともいえます。

☞そもそも、租税回避の目的は達成しているものの、その採られた行為について租税回避以外の合理的な理由がある場合についてまで「租税回避の否認」をすることについては許されたものではないと考えるのが租税法律主義を支持する方々の立場です。

2、公正処理基準における〝公正〟って何？

企業会計上の利益計算と法人税法上の所得計算というのは似て非なるものです。企業会計では収益マイナス費用で利益を計算するのに対し、税法では益金マイナス損金で所得を計算します。ただ、実際のところは「別段の定め」（※1）が設けられていない限りは収益≒益金であるし、費用≒損金でもあるため、決算書を作成して企業会計における利益計算を行っているのであれば、税法に従って再度所得計算をするのは二度手間になってしまいます。

そこで、このような煩雑さを回避するために、法人税法22条第4項は、課税所得の計算上、益金の額に算入すべき収益の額、損金の額に算入すべき費用の額は別途例外を除いて「一般に公正妥当と認められる会計処理基準」（以下、公正処理基準といいます。）に従って計算すると定められています。平たくいうと、税金計算上も企業会計にて計算された利益をベースにするということです。

しかし、特に上場会社においては第1章でみたように1990年代の終わりか

（※1）益金や損金の額に関して税法において「別段の定め」があれば、その定めに従うこととされています。

ら２０００年代の初めにかけて行われた会計ビックバンに始まり、ここ近年ではＩＦＲＳのコンバージョンやらで目まぐるしく会計基準が変化・進化しています。その主な内容は、まさに投資家にとっての有用な情報は何かということを模索した結果としての時価会計であったりするわけですが、そもそも税法の理念は投資家云々ではなく課税の公平を維持するということですから、その両者の方向性は現在進行形で乖離していっているわけです。

このような理由から、いつまでも法人税法が企業会計原則を「公正処理基準」として所得計算のベースとしていると徐々に歪みが生じてくるわけです。そして、このような矛盾が露呈してしまったのが、次に紹介する大手家電量販店のビックカメラの事例になります。これは、不動産流動化実務指針におけるリスク・経済価値アプローチ（※2）に従った金融取引としての会計処理が、法人税法22条4項の「公正処理基準」に該当するか否かが争われたものであります。

図13の仕訳例を見ていただきたいのですが、ビックカメラは、①資金調達の目的で自社の保有する土地等を信託財産とする信託契約を締結し、②総額２９０億

（※2）リスク・経済価値アプローチとは、譲渡不動産のリスクと経済価値のほとんどすべてが他の者に移転した場合に、当該譲渡不動産の消滅を認識する方法をいいます。この事例でいえば、流動化する不動産の譲渡時の時価に対するリスク負担割合がおおむね5％の範囲内であれば、リスクと経済価値のほとんどすべてが他社に移転しているとみなして売買処理できるところ、ビックカメラ（及びその子会社）のリスク負担割合は約31％であるため、金融取引として処理しなければなりませんでした。

図13 不動産流動化の仕訳例

時系列	仕訳例	補足説明
①対象不動産をSPCに信託譲渡し、受益権化をします。	受益権 264億円 ／ 土地等 264億円	不動産を受益権化します。
②当該受益権の一部を第三者に売却します。	Cash 290億円 ／ 受益権 264億円 ／ 不動産売却益 26億円	売買取引の仕訳になります。
③売買取引ではなく金融取引として訂正することとなります。	Cash 290億円 ／ 借入金 290億円	金融取引の仕訳になります。

円でＳＰＣ（特別目的会社）に対して譲渡する〝不動産の流動化〟を行いました（※3）。その際、会計処理は売買処理としたため、法人税の申告書もこの会計処理を前提とした内容で申告をすることとなりました。

ところが、その後に証券取引等監視委員会から当該信託財産の譲渡については売買処理ではなく金融取引として処理すべきである旨の指導があり、ビックカメラは過年度の会計処理を変更するなどしてその指導に従うこととなりました。

ただ、売買処理では売却益が計上されていたところ、それが金融取引としての会計処理となると売却益は発生しないこととな

（※3）厳密には、信託譲渡することで信託受益権としたうえで、その信託受益権を譲渡しました。

ります（仕訳例③）。そして税金計算上も過年度に所得が過大に計上されており、税金も過大に納付されていたということになります。そこで、ビックカメラとしては減額更正の請求（※4）をすることとなったものの、課税当局からはその請求が斥けられたため提訴するに至ったというものです。

結論を言ってしまうと、この事案においてはビックカメラの敗訴となりました。ビックカメラの主張としては、あくまでも「別段の定め」が存在しない限りは、会社がする税務処理は、公正処理基準に従う限り当該会社がする会計処理と一致することとなります。証券取引等監視委員会がいうように金融取引としての処理が正しい処理ということであれば、税務上はこの点「別段の定め」がない以上、税務処理においても金融処理が正しいということになるはずだというものです。

対して裁判所の見解としては、会社が収益等の額の計算にあたって採用した会計処理の基準が「公正処理基準」に該当するといえるか否かについては、税法独自の観点から判断されるべきであって、公正処理基準と常に一致することを前提とするものではないというものでした。

（※4）払うべき税金を多く申告してしまった場合に、一旦提出した確定申告の内容を申告期限が過ぎてから訂正する手続きのことです。この手続きを行うことで払い過ぎた税金が還付されることとなります。

そうすると、今度は公正処理基準とは何を指すのかということになりますが、例えばある会計処理が行われることが慣行化され、社会的に妥当なものとして容認されていけば、その処理も規範性を帯び、課税当局もこれに従うことになるので、そこで初めて「公正処理基準」になるというように説明されています。

以上をまとめると、会社が採用した会計処理の基準が常に「公正処理基準」と一致するとは限らず、それは税法独自の観点からもその趣旨に沿うものか否かの判断が必要となるということを意味します。

持って回った言い回しですが、これを本事例にあてはめると、不動産流動化実務指針が「公正処理基準」に該当するか否かがポイントとなります。この指針の内容を今一度解釈すると、一旦は当該不動産が法的に譲渡されていることを前提に、そのうえでリスクと経済価値(※5)のほとんどすべてが移転していると認められる場合には、売買処理を認めると規定されています。この点について、リスクと経済価値の移転の検討以前に法的な譲渡が行われた段階で税務的には収益が

(※5) 本事例におけるリスクとは、経済環境の変化等の要因によって当該不動産の価値が下落することをいい、経済価値とは当該不動産を保有、使用または処分することによって生ずる経済的利益を得る権利に基づく価値をいいます。

実現していると捉えるのが適当であるといえそうです。

同指針については、投資家保護の観点から、会計処理の上で不動産の流動化取引を売買と認定するうえでの、単なる特別な基準を設けたにとどまるものと解すべきであるとしています。そのように考えると、同指針は「公正処理基準」には該当しないという結論が導かれることとなります。

補足

☞ＩＦＲＳにおいても日本基準においても、今後も新しい会計基準がでてくることとなりますが、それが税法上「別段の定め」のないものであれば「公正処理基準」で基本的には問題ありません。ただ、この事例のように税法の観点からもその趣旨に沿うものか否かの検討が必要ということですから、若干曖昧さが残る判決だと思います。

☞この事例で、仮に当初から金融取引として処理していた場合はどうなっていたでありましょうか。おそらくではありますが、この場合は「公正処理基準」など特に問題とならずに、別表上の調整もせずに何事もなく終わったのではないでしょうか。当初申告で勝負するというのはそういうことなのです。

3、理不尽な交際費認定

最初に税務でいうところの交際費についての概略から確認していきます。まず、交際費の定義ですが、「交際費、接待費、機密費その他の費用で、法人が、その得意先、仕入先その他事業に関係のある者等に対する接待、供応、慰安、贈答その他これらに類する行為のために支出するもの」とされております。

企業会計上は費用として計上されているのに対し、税務上は資本金が1億円超の会社はその全額が損金とはならず（※1）、また資本金が1億円以下の会社でも損金の上限が８００万円となっております。

前節からの話の流れで言いますと、本来は法人が事業に関連して支出ないし負担するすべての原価・費用及び損失の額が損金の額に含まれるものの、交際費については、政策的見地から損金算入が認められない費用として、法律上の「別段の定め」が設けられております。

（※1）得意先への接待交際費であっても、1人あたり5000円以下の飲食代は接待交際費から除外して損金に算入できるため、その場合の経理処理は実務上は会議費などで処理をします。

このように、交際費が損金とされることに一定の制限が加えられる税務上の意図というのは、そもそも事業との関連性が低いという点と、無駄遣いを抑制するという2点になります。そうすると、どのようなケースが交際費に該当するのかということが実務上は重要になってくるかと思いますが、ある重要な判決が出てからというもの主に三要件説が交際費の課税要件として用いられています。

その判決で示された交際費の三要件とは、①「支出の相手方が事業に関係のある者であること」、②「支出の目的が相手方と親睦を密にして取引関係の円滑な進行を図ることにあること」及び③「支出による行為の形態が接待・供応・慰安・贈答その他これらに類する行為であること」となっております。この三要件をすべて満たした場合に交際費に該当するというわけです（※2）。

今回の素材となるのは、我が国でディズニーランドというテーマパークを運営するオリエンタルランドの事例になります。夢の国でも課税当局と争うようなことがあるのかと驚かれる方も多いと思われますが、最高裁まで争われたうえでの結論もまさに夢のようなものでありました。

（※2）ここでの重要な判決というのは、いわゆる萬有製薬事件といわれるものです。製薬会社である萬有製薬が、その医薬品を販売している病院の勤務医から、英語論文の添削の依頼を受けて、これを米国の添削業者に外注していました。萬有製薬は医師から添削の料金を徴収していたのですが、その3倍もの外注先への料金を支払っていたため、課税当局からその差額を交際費認定されたため提訴に至ったというものです。三要件のうち①は該当していることは争いがないものの、②に関しては英文添削費用の一部補助が接待等の目的でなされたというのは無理があるとしました。また③に至っては、交際行為とは一般的に相手方の快楽追求欲、金銭や物品の所有欲などを満足させる行為と定義したうえで、英文添削の差額負担が欲求の充足とは明らかに異質であること、

事案の概要は、オリエンタルランドはその運営するテーマパークの優待入場券を発行し（※3）、重要な取引先やマスコミ関係者に対して無償で配布したのですが、特に施設内においては通常の入場券による入場者との区別はされておらず、また優待入場者に対する特別の役務提供を行っている事実もありませんでした。よって、オリエンタルランドも優待入場券が使用されたことによる特別な経理処理を行っていませんでした。

それに対して課税当局は、この優待入場券が使用された時に費用が支出されており、よってオリエンタルランドの売上原価とした費用の一部は交際費に該当するとして更正処分を行ったというものです。

裁判所はまず、3要件へのあてはめをします。①については重要な得意先やマスコミ関係者は事業に関係のある者であり、②はオリエンタルランドが営む事業と特に関係の深い者に対する謝礼の意があるから、それによって親睦の度を密にして取引関係の円滑な進行を図るためといえ、③について入場券の交付は特定の得意先又はマスコミ関係者の歓心を買う行為であるから、慰安のための接待又は

さらに便益の受益者である医師自身が便益を享受しているという認識すらなかったということですので、これが交際費に該当するということは無理があるとされたものになります。

（※3）オリエンタルランドからの公表では、優待入場券による入場者数の割合は、総入場者の0.2％程度にすぎないとのことです。

贈答である、として3要件すべてに該当するから交際費であると認定しております。

そのうえで、課税当局はどのような否認の仕方をしたかというと、実際のテーマパーク運営に係るコストを全入場者で割ることで1人当たりの費用の額を算出し、それを優待入場者数に乗じることによって否認すべき交際費のコストを算出することとしました。

さはさりながら、本来優待入場者に対して追加で生じるコストというのは優待入場券の製作と印刷費用のみであって、それ以外の例えば人件費や営業資材費、エンターテイメント・ショー制作費、業務委託費、販売活動費、ロイヤルティー及びその他の費用の支出というのは、この優待入場があろうがなかろうが発生するいわば固定費であります。しかし、上記のように間接費を含めた1人当たりのコストを計算することで交際費認定をしたわけです。

これに対して、オリエンタルランド側としては、製作費と印刷費以外は何らの金銭的出捐を伴わないのであるから、上記固定費部分についてはそもそも交際費に該当はせず、また製作費と印刷費についても、その単価が1枚当たり2・4円ないし5・8円程度であるため、無駄遣い防止という交際費損金不算入制度の趣旨にかんがみると、そもそも無駄遣いといえるほど多額なものではないため、やはりこちらも交際費には該当しないという主張をしました。

筆者も個人的には、オリエンタルランド側の主張に一理あるというより、課税当局側の課税の仕方はいくらか無理筋であると考えていましたが、最高裁が下した結論はオリエンタルランド側の敗訴ということでした。

このように、本事例の争点は、いわゆる三要件への該当性という論点ではなく、そもそも交際費に該当する〝支出〟が存在したか否かという点でした。そして、一般的には〝支出〟というのは接待等を行うために〝新たに〟支出するものと考えられるはずであり、その点製作費と印刷費以外はオリエンタルランドとしては新たな支出はしていませんでした。

これに対して、裁判所の判断というのは、運営経費は変動費・固定費を問わず入場者全員に対する役務提供のために支出されたものであり、その役務提供の対象者の中には優待入場券による入場者も含まれているため、その入場者に対する運営経費は接待等のために支出された費用であるとみなされることとなりました。そして、それを先述のような推計ベースの算出額で交際費の認定をすることとなったわけです。

補足

☞このような交際費認定のされ方が罷り通るということであれば、例えば、鉄道会社が自社線の鉄道に無償で乗車できる株主優待券を発行した場合などについても同じように交際費認定がされるのかということになるはずですが、そのような課税がなされたという情報は未だ聞いたことがありません。

☞同じような事例で、いわゆる安楽亭事件というのがあります。安楽亭というのは焼肉チェーンでありますが、その株主に配布した優待券（食事券）について当初は広告宣伝費として処理していたところ、4年間で3億円の申告漏れを課税当局から指摘されたというものです。このように、実務においては交際費の範囲が拡大解釈されすぎであると考えられる判例が過去には多く存在します。

4、無償の価値移転には要注意

寄付金といえば、一般的には日本赤十字社に対する寄付であったり、または最近流行りのふるさと納税をイメージされる方が多いかと思いますが、税務においてはこれよりも広義に捉えられます。つまり、前節の交際費などと同様に会計上は費用として処理したものの、それが税務上の寄付金として認定されることとなり損金性が否認される（※1）ということも実際の税務調査では数多くあります。

まず寄付金の定義ですが、「寄付金、拠出金、見舞金その他いずれの名義をもってするかを問わず金銭その他の資産又は経済的な利益の贈与又は無償の供与をした場合の金銭の額もしくは金銭以外の資産のその贈与の時における価額又は経済的な利益のその供与の時の価額をいう」とされております。

寄付金の概念を理解するには、交際費との対比で捉えると理解しやすいです。両者ともに法人の事業遂行との関連性の有無は問わず、金銭や物品、あるいは経済的な利益を無償で相手方に与えるという点では共通しています。ただ、交際費

（※1）寄付金についても交際費と同様に、法律上の「別段の定め」としての損金不算入制度が設けられております。すなわち、国等に対する寄付金など公益的な性格を有するものを除いて、一定限度内の損金算入しか認められていないこととなっております。

はその相手からの見返りを期待して行われるものであるのに対し、寄付金はその相手からの見返り（反対給付）は期待しないで行われるものという点で相違があります。

ちなみに、損金性の（一部）否認という点についての寄付金制度の趣旨はというと、交際費と同様に寄付金においても事業との関連性が希薄であるという点と、また無制限に損金算入を認めると国の税収が減少するという理由によります。

寄付金の認定をされた有名な事例がありまして、専門家の間でも当時話題になったオーブンシャホールディングス（以下、O社といいます。）における有名な事例です。オーブンシャというのは教育用の出版社で筆者も昔お世話になったあの旺文社です。

図14を見て下さい。まず、①O社がオランダに現物出資によって子会社（以下、A社といいます。）を設立します。現物出資財産はテレビ朝日株式と文化放送株式及び現金です。次に、②O社の株式を49・6％保有しているセンチュリー文化

財団がオランダに子会社（B社）を設立しました。その後、③A社は第三者割当増資を行い、B社に対して有利発行を行ったのですが、その結果A社に対する出資割合がオーブンシャホールディングス6・25％、B社93・75％という形になりました。

この一連の行為については、O社所有の含み益のある株式をB社に直接譲渡する代わりに、当該株式をA社が無税で引き受け、そのうえでA社に対する支配権を（株式の有利発行により）O社からB社に移転した結果、実質的にはO社所有株式がB社に移転することとなりました。ただ、このような「脱税」行為に対して課税当局としては、株式の有利発行を行うことによる資産価値の移転が、法人税法22条2項の「取引」に該当する（※2）として寄付金認定を行ったために訴訟に発展したというものです（※3）。

ちなみに、現物出資の段階でO社の有する株式には多額の含み益があったのですが、当時の税法は一定の要件を満たす特定の現物出資については簿価までの圧縮損を税務上計上することが可能であったため、簿価での移転が可能でありまし

（※2）法人税法22条2項において課税の対象とされているのは、「資産の販売、有償又は無償による資産の譲渡又は役務の提供、無償による資産の譲受けその他の取引で資本等取引以外のものに係る当該事業年度の収益の額」とされています。

（※3）この事案については、テレビ朝日株式や文化放送株式の評価方法という別の争点もありました。

た（仕訳例①参照）。また、オランダという軽税率国での所得はタックスヘイブン税制の対象となるのですが、ここも巧妙なところで、財団法人の場合はこのケースにおけるタックスヘイブン税制の適用対象外となっているわけです（※4）。

最高裁まで争った結果、課税当局側の勝訴で終わっています。そして、この事例の興味深い点として課税当局がこの一連の行為のどこの取引を否認したかということなのですが、それは有利発行で行われた第三者割当増資が（O社からB社に対して）株主間の価値移転であると事実認定しました（※5）。そして、この価値移転は、O社においても当初から意図されたもので、かつ、B社において当該取引を了解したところが実現したものであるから、法人税法22条2項の「取引」に該当すると結論付けたのであります。

ただ、O社側の主張にも一理あって、会計学上は利益の実現があったといえるためには資産の移転がなければならず、本件のような価値の移転だけでは利益の実現は生じるはずもなく、また税法上も、A社のB社に対する有利発行によりO社にとっての（A社株式を保有することによる）含み益が減少しても、その減少

（※4）財団法人については収益事業についてのみ法人税が課税されるのですが、株式の単なる保有は収益事業ではないので、法人税は課税されないということになります。なお、タックスヘイブン税制については本章6節において詳細に解説しております。

（※5）第三者割当における有利発行について、「社会通念上相当と認められる価額を下回るかどうかは、当該株式の価額と発行価額との差額が当該株式の価額のおおむね10％相当額以上であるかどうかにより判定する」といういわゆる一割基準といったものがあります。仮にB社が国内の法人であれば、B社に受贈益の課税関係が生じていたところです。

図 14 O社事件の概念図と仕訳例

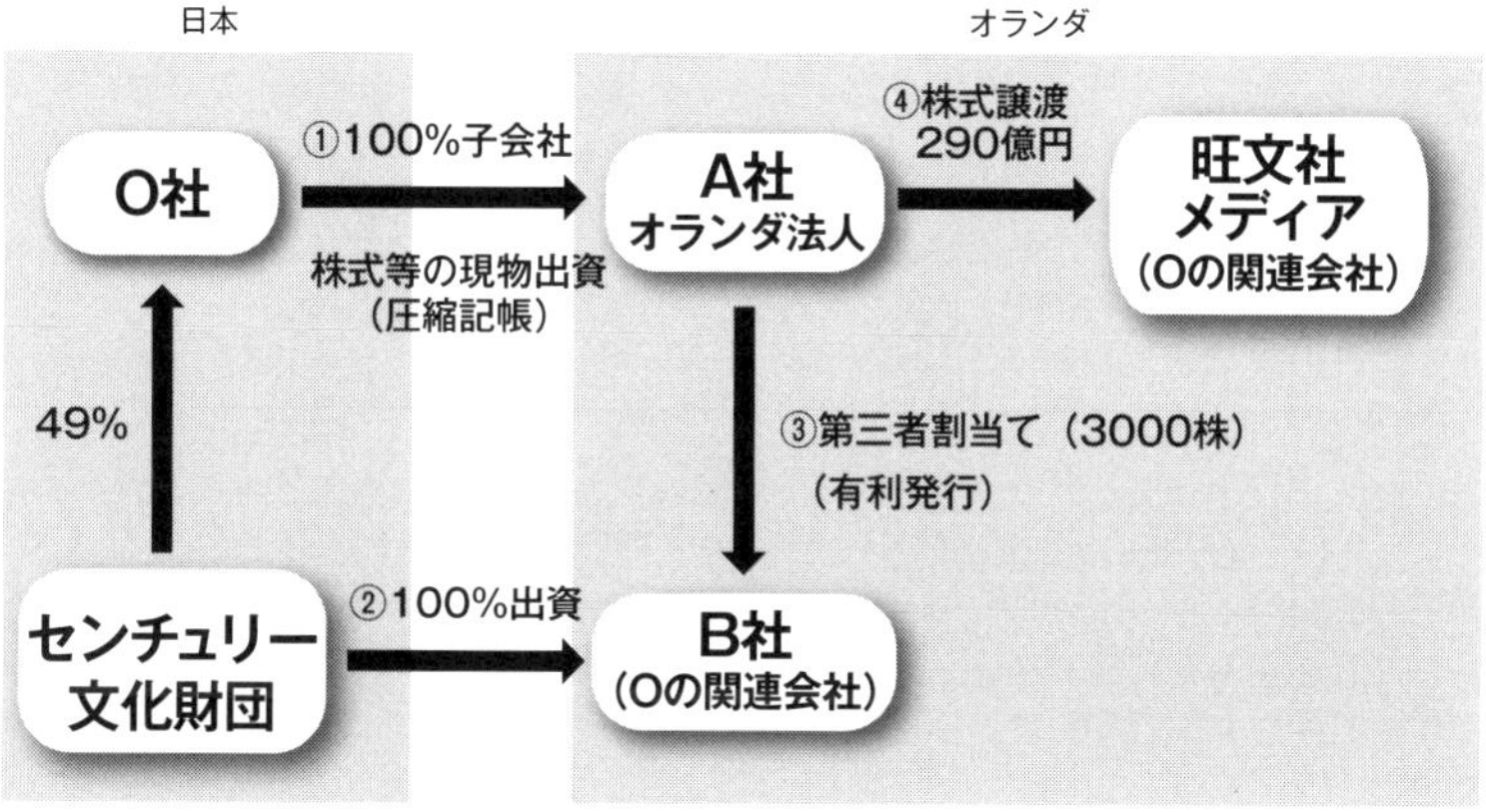

時系列	仕訳例	補足説明
①O社がオランダに現物出資によって子会社(A社)を設立します。	A社株式 97億円 / テレビ朝日株式 11億 文化放送株式 4億 Cash 1億 譲渡益 81億 圧縮損 81億円 / A社株式 81億	テレビ朝日株式の時価は86億円、文化放送株式の時価は10億円でしたので、合わせて81億円の含み益がありました。
②財団法人がオランダに子会社(B社)を設立した。		
③A社は第三者割当増資を行い、B社に対して有利発行を行った。	仕訳なし	
⑤O社のB社に対する寄附金であると認定される。	寄附金 255億円 / 譲渡益 255億円	

した含み益が実現したものとして益金に算入させる旨の「別段の定め」は存在しないといった反論でした。

その価値移転の額が総じて約255億円と認定されました。この有利発行によってO社は255億円相当額をB社に移転させたとして、この移転させた資産価値相当額の収益を認識すると同時に同額をB社に対する寄付金として認定し（仕訳例⑤参照）、所得金額約250億円、納付税額約96億円とする更正処分を行ったというものでした（※6）。

（※6）O社が所有していたテレビ朝日株式（簿価11億円）については、結局その時の時価である290億円で旺文社メディアという関連会社に無税で再取得させることができ（**図14**④）、外部に売却した場合に比して280億円もの利益を圧縮させた結果となっていました。

補足

☞この当時は、現物出資に係る譲渡所得課税が圧縮記帳によって繰り延べることができました。現在では、基本的に現物出資時において出資財産に含み益があれば課税されることとなるので注意が必要です。

☞ある法人からある法人への価値移転は寄付金認定の射程です。ただ、O社の事例に限って言えば、租税回避であることは明らかであるとはいえ、裁判所がその課税の仕方として22条2項の「取引」の文言を拡大解釈したという点において、その後の実務への影響が懸念されることとなりました。

5、認定賞与は争いになることが多い

役員に対して金銭の支出や経済的利益の供与があり、それが役員賞与に該当するにも関わらず、企業会計上は役員賞与として経理されていなかった場合、課税当局がこれを賞与として認定する場合があります（※1）。それを一般的に「認定賞与」といい、役員賞与については原則として損金不算入となる以外にも、様々な課税関係が発生することとなります（※2）。

具体的にはどのような場合に賞与と認定されるかといいますと、通常次の3つに場合分けできます（**図15**参照）。一つ目は、決算において計上された金銭の支出又は経済的利益を役員に対する賞与と認定する場合で、例えば役員の行った海外旅行（よくあるのが、家族旅行の旅費）について会社が旅費交通費として処理していたものの、実際には業務に関係のない支出とみなされ、役員賞与と認定されるといった場合です。

二つ目は、決算に計上されている役員と会社との取引に関して、役員に対する

（※1）認定賞与とされるのはあくまでそれが臨時的な給与と認められる場合であって、定期の給与と認められる場合には役員報酬とされ、損金にも算入されます。

（※2）原則として損金に算入されないという点では交際費や寄付金の認定と同様なのですが、認定賞与の場合はその他税目にも波及することとなるという点で交際費や寄付金と異なります。

図15 認定賞与の仕訳例

認定賞与の場合分け	仕訳例	補足説明
①役員の行った海外旅行が賞与と認定される	旅費交通費 10 ／ Cash 10 × 役員賞与 10 ／ Cash 10 ○	
②役員に対して会社の土地を譲渡したが、時価との差額を賞与と認定される	Cash 100 ／ 土地 100 × Cash 100 ／ 土地 100 ○ 役員賞与 400 ／ 譲渡益 400	時価500の土地を100で売却したため、差額400を賞与と認定された。
③売上除外で得た簿外所得を賞与と認定される。	仕訳なし × 役員賞与 200 ／ 売上高 200 ○	

賞与と認定される場合で、例えば役員に対し譲渡した土地等の譲渡価額が時価に比して著しく低額であった場合です。この場合、時価と譲渡価額との差額が役員賞与とみなされることとなります。

最後の三つ目が、法人が売上除外や仮装経理などで得た簿外の所得を役員が費消したとして役員賞与と認定される場合です。売上除外については、例えばそのお金が役員の個人口座に入金されていたといった場合は即座に賞与と認定されますが、そうではない場合、例えば役員個人の私的消費のエビデンスが一切ない場合や、簿外所得に見合うお金がどこにあるかわからないといった場合には、いくつかの個別的事実を積み重ねたうえで総合的に賞与認定の判断をしていくということになります。

次に、役員賞与であると認定された場合の税務上の取り扱いについてですが、まずは役員賞与は損金不算入ですので所得加算による法人税等の追徴がありますす。また、賞与は源泉税の納付義務が発生するので源泉所得税の追徴があり、さらに費用に係る仕入税額控除（※3）の否認による消費税の追徴があります。まさに、第2章の繰延税金資産における玉突き事故のように、認定賞与は税務版トリプルパンチであるといっても過言ではないです。

実際には、それに加えて代表者個人に対して所得税・住民税が追徴される可能性もありますし、また発生した税目全てに関する加算税や延滞税も発生してきます。このように一度で何度も美味しいので、税務調査においてもよく指摘されることとなります。

しかし、このような課税のされ方というのは個人的には若干矛盾を孕むものだ

（※3）例えば、売上高から計算された消費税が100で、仕入高その他の経費から計算された消費税が80であった場合、差額の20を納税することになりますが、この80円のことを仕入税額控除の額といいます。当初、旅費交通費として処理していた時点では仕入税額控除の額が発生していたのですが、役員賞与からは仕入税額控除の額は発生しないので、当初の仕入税額控除の額が否認されることで追加の消費税が発生するということになります。

と思っています。というのも、確かに役員にとっての個人的な利益であるため会社の業務とは無関係であり損金にはならないという点は疑いはありません。ただ、役員としては賞与としてもらったという意図はなく、会社に対して（個人的な経費を）立て替えてもらっていただけであって、会社に対してお金を返済する意思があるといった場合は、そもそも賞与には該当しないともいえます。

仮に、個人的な支出を会社の口座から支出してしまっていた場合、それを当初から貸付金や仮払金等で経理していたといった場合には、実務において賞与認定されることはほぼないと思います。そうであれば、こういった場合との均衡を図るべきだとすると、やはり賞与認定からの損金不算入はまだしも源泉税の追徴というのは幾分無理があるかと思います（※4）。

1990年代に実際にあった事例です。ある会社が従業員の福利厚生の一環と称して船舶（プレジャーボート）を会社のお金で購入したのですが、税務調査においてその維持管理費及び減価償却費を損金不算入とされたばかりでなく、当該船舶の取得費を丸ごと個人に対する臨時的な利益供与だとして代表者に対する賞

（※4）そのような事情から、実際の税務調査の現場では調査官と税理士とが争うといった場面も多々あります。

与の認定をしたというのがありました。

この事例の場合は、そもそも当該船舶についての運行実績の記録がなく、かつ従業員の福利厚生用資産としての船舶利用規定等の定めもないから、全従業員が公平に使用できる状態にあるとは認められないという事実認定をされたことが、認定賞与につながったというものです。実務においてはこの事例に限らず、「福利厚生費（※5）と役員賞与」についても個別的事情の積み重ねによって総合的に判断されるので注意したいところです。

ちなみに、「福利厚生費と交際費」についてもよく争いになります（※6）。例えば、この事例でいえば福利厚生費として認められないのであれば、少なくとも代表者は事業に関係のある者（得意先等）に対する特定の目的での支出であるから交際費として認められる余地はないのかとの主張はできるでしょう。そして、この場合においても、役員の個人的な目的のための支出ではないことをどのように疎明するかということが重要になってきます。

（※5）福利厚生費とは、従業員および役員の医務衛生、保健、慰安等に要した費用で会社が負担するものとされております。

（※6）福利厚生費については、役員賞与との関係に加えて交際費との境界が問題になります。例えば、福利厚生費には従業員等の慰安に要する費用が含まれていますが、交際費においても従業員を対象とする支出が含まれているためです（いわゆる〝社内飲食費〟など）。それゆえに、交際費においては専ら従業員の慰安等のために通常要する費用は除くとされております。

補足

☞福利厚生費についても、その経済的利益が著しく多額であると認められれば、それは課税の対象となります。では、どこからが著しく多額といえるのかというところですが、それは社会通念に従って判断することになります。要するに、常識的な判断が求められるということです。

☞法人の事業との具体的な関連性という点については非常に不明確であるといえます。例えば、法人の役員がゴルフ好きで、同業者や他の事業関係者と一緒にプレーしたとしましょう。その場合は、同業者から有益な情報を入手したり、従業員対策や資金対策の便を得たりもできるので、それを理由に通常であれば交際費となるのですが、それが役員個人の私的遊興と事実認定されれば役員賞与とされてしまいます。

6、税金がかからない海外に会社を作るということ

国際税務における租税回避防止規定として、我が国では外国子会社合算税制（タックスヘイブン対策税制ともいう。以下ＴＨ税制といいます。）、移転価格税制（※1）、過小資本税制（※2）などといったものがあります。第3章の最後は、ＴＨ税制について解説していきたいと思います。

デンソーという会社をご存知でしょうか。あのトヨタのグループ会社で自動車の部品を作っている会社です。世界シェアについても1位を維持しているという〝部品メーカーなのに有名な会社〟の典型的な会社です。このデンソーのシンガポール子会社がＴＨ税制の適用対象であるとして課税当局から追徴課税がされたという事案なのですが、デンソーは最高裁にて逆転勝訴するに至りました。

まず、ＴＨ税制とは何かということですが、我が国の株主が、軽課税国（※3）に所在する外国法人を株式保有を通じて支配している場合（※4）、その外国法人の留保所得を、我が国株主の持ち分に応じてその所得に合算して課税する仕組み

（※1）移転価格税制とは、海外に設立した子会社との取引について生じる価格を意図的に操作することで、海外に所得を移転することを防止する税制になります。具体的には、海外子会社との取引価格を、まったく関連性のない会社と取引した場合の価格（独立企業間価格といいます）で取引したとみなして課税するという制度です。

（※2）過小資本税制とは、日本の法人が海外の親会社等から資金提供を受ける際、出資（資本）と借入の比率が一定割合を超えた場合は、日本の法人にて計上されるその支払利子の損金算入を認めないという制度です。

（※3）法人税がないか、またはその実効税率が20％以下であることをいいます。

のことです。わかりやすくいうと、税率の低い国に子会社をもつと、その子会社の所得は日本の親会社の所得と合算しなければいけないというものになります（※5）。

ただ、たまたま香港やシンガポールのような軽課税国に子会社を設立して正当な事業活動を行うといったような、単なる税逃れではないような場合についても、TH税制によって規制していくということは、我が国企業の正常な海外投資活動における自由を阻害するばかりか、国家全体としても損失であるとも考えられるところです。

というわけで、税務上は子会社の事業活動に実体が備わっている限りは、TH税制は適用しないということになっています。これは、いわゆる「適用除外基準」といい（※6）、外国子会社に経済実体があるか否かを判定する以下の4つの要件で、いずれかを満たさない場合には合算税制の対象となってしまうというものです。

① 事業基準……株式・債権の保有、無形資産等の提供又は船舶・航空機の貸付

（※4）我が国の株主が全体として当該外国法人株式の50％超を保有している場合です。

（※5）TH税制が導入された1978年以前には、本章第2節で解説している「実質所得者課税の原則」によって課税がなされてきました。ただ、課税要件の明確化が必要となったためにTH税制の導入に繋がったという経緯があります。

（※6）現在は呼び名がかわって「経済活動基準」といいます。

けを主たる事業とするものでないこと

② 実体基準……本店所在地国においてその主たる事業を行うに必要と認められる事務所、店舗、工場その他の固定施設を有すること

③ 管理支配基準……本店所在地国においてその事業の管理、支配及び運営を自ら行っていること

④ 非関連者基準……その主たる事業が卸売業、銀行業、信託業、金融商品取引業、保険業、水運業、航空運送業又は航空機リース業に該当する場合においては、その事業を主として非関連者との間で行っていること

または

所在地国基準……その主たる事業がこれ以外の事業に該当する場合においては、その事業を主として本店所在地国において行っていること

この事例では、デンソーのシンガポール子会社はASEAN地域に所在する子会社13社及び関連会社3社の株式を保有していたので、仮にシンガポール子会社の主たる事業が「株式の保有」であると認められれば、上記の4要件のうちの一つである事業基準を満たさないこととなり合算税制の対象となってしまいます。

デンソーとしてはシンガポール子会社の主たる事業は「地域統括業務」であると主張したのに対し、課税当局はそもそも地域統括業務というのは株式保有行為に含まれるのであるから、それはすなわち主たる事業＝「株式の保有」に該当するという見解です。

そもそも、なぜ適用除外基準としての事業基準が存在し、さらにそのうえで株式保有会社が規制されることになったのかといいますと、株式の保有というのは利益配当やキャピタルゲインを得ることを目的とするものですから、そのような事業は我が国においても十分行うことができるものであり、わざわざ軽課税国において行う積極的な経済合理性を見出すことができないと考えられるためと解されています。

また、海外子会社が仮に複数の事業を営んでいた場合、いずれの事業が事業基準における主たる事業に該当するかについては、当該海外子会社におけるそれぞれの事業活動の結果として得られた収入金額又は所得金額、それぞれの事業活動に要する使用人の数、事務所、店舗、工場その他の固定施設の状況等の具体的かつ客観的な事業活動の内容を総合的に勘案して判定するのが相当とされているところです。

以上をもとに、最高裁は、まず株式の保有とグループ会社を統括し管理するための活動は別物であるとしたうえで、シンガポール子会社は地域統括業務を行っていたと事実認定をしました。

すなわち、シンガポール子会社が行っていた地域統括業務は、地域経済圏の存在を踏まえて域内グループ会社の業務の合理化、効率化を目的とするものであって、当該地域において事業活動をする積極的な経済合理性を有することは否定できないとし、これが株式保有業に含まれると解することは規定の趣旨とは整合しないとの判断を示しました。

その上で、では「株式の保有」と「地域統括業務」のどちらが主たる業務といえるかという点については、各事業活動から得られる売り上げや利益、各事業活動に従事する使用人数、事務所等の固定施設の状況を総合的に勘案して決めるのが相当であるとしました。

具体的には、地域統括業務の中の物流改善業務に関する売上高は収入金額全体の約85%に上っており、所得金額ベースでは保有株式に係る受取配当の占める割合が8割強あったものの、その配当収入のなかには地域統括業務によって域内グループ会社全体において原価率が低減した結果生じた利益が相当程度反映されていたものであったと認められました。

また、現地事務所で勤務する従業員の多くが地域統括業務に従事し、シンガポール子会社の保有する有形固定資産の大半が地域統括業務に供されていたものでありました。以上より、シンガポール子会社においては「地域統括業務」が主たる事業であるといえるので、TH税制における適用除外基準のうちの事業基準を満たすと結論付けております。

補足

☞この事例の直後の税制改正で、地域統括会社についても「事業基準」を満たすことが明文化されるに至りました。すなわち、統括会社が保有する被統括会社の株式は、事業基準の「株式の保有」には該当せず、また卸売業や物流業が統括会社の主たる事業となる場合、被統括会社と行う取引は「関連者取引」に該当しないこととなりました。

☞実務においては、TH税制は適用除外要件への該当性が重要になってきます。例えば、税金がかからない国に簡単に会社を設立できてしまうということをもって、セーシェルやBVIにオフショア法人を設立してそこに所得を集約させようと考えても、この適用除外基準がある限り日本において課税を回避するのは難しいということが容易に理解できるかと思います。

第4章

事例で見ていく「粉飾」と「脱税」の手口

1、循環取引は悪質

オーソドックスな「粉飾」の手口に架空売上の計上というのがあります。まさに、〝架空〟ということですから、手の込んだものになると注文書や見積書などの証憑書類から偽造することとなります。あまつさえ、架空売上に対応する原価がないと利益率のところで不整合を起こしてしまうといった場合は、同時に架空の外注費を計上したりすることもあります。

具体的な手口をお金の流れとともに確認すると**図16**のようになります。①一旦、粉飾の協力先である外注先に（協力手数料込みで）架空外注費の支払いをし、②それが架空の売上先の口座に入金され、③架空売上の売掛債権の回収を図るという、単に帳簿上の操作だけではなく、実際のお金の流れも伴うこととなる「粉飾」スキームです。ちなみに、ここでの架空の売上先の口座というのは、実際に「粉飾」している会社が有している簿外口座を用いることとなります。

そして、この架空売上と同様の不適切な収益認識方法として循環取引というも

図16　架空売上の概念図

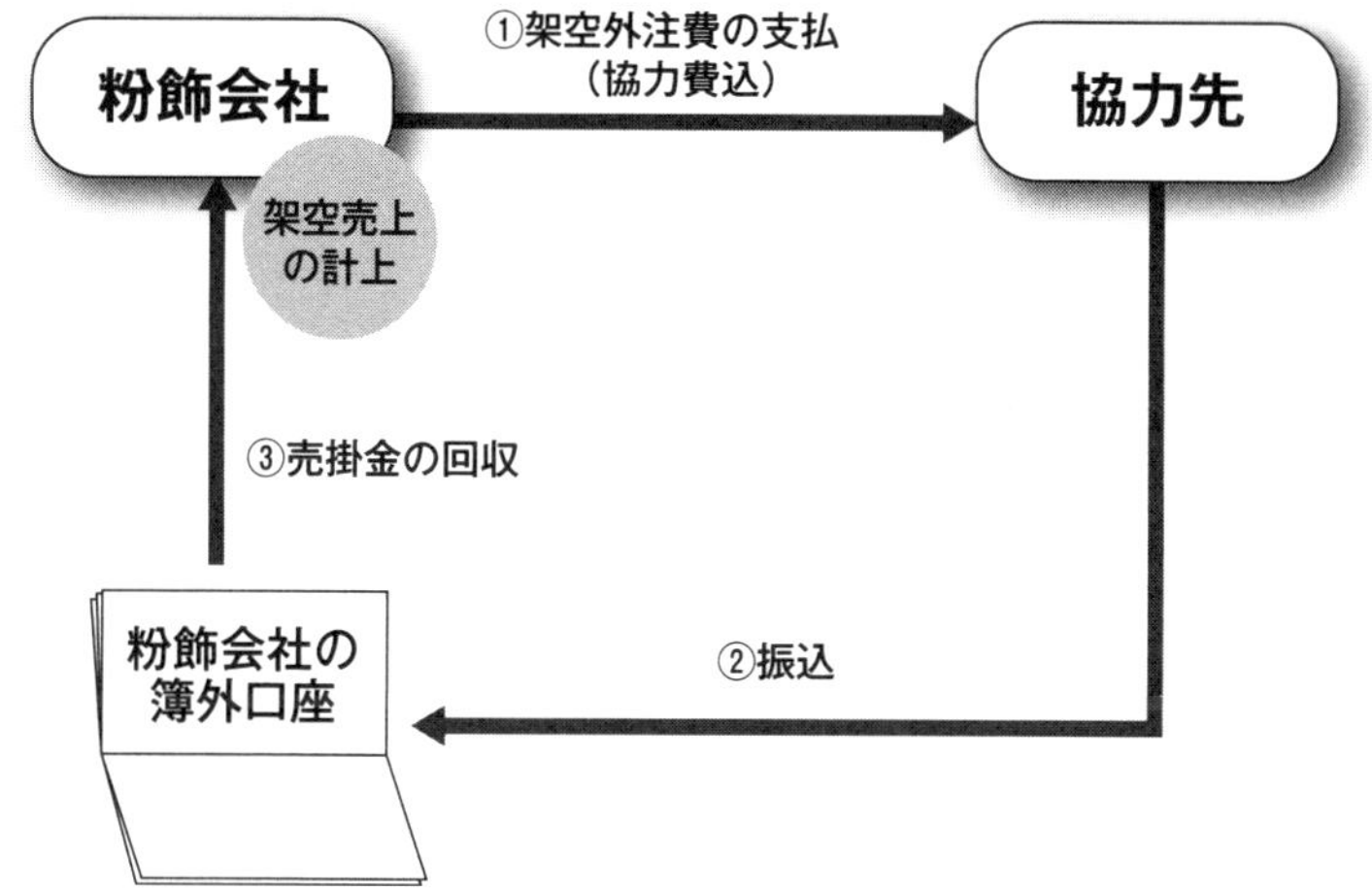

のがあります。循環取引というのは、複数の会社が互いに通謀し、商品の売買や役務の提供等の相互発注を繰り返すことで、架空の売上を計上してあたかも会社の業績がよいかのように仮装する取引手法のことをいいます（※1）。通常は、現金による債権債務の決済もされており、かつ証憑書類も整備されているので、発見するのはかなり困難なものといえます。

ＩＴ業界などは、現実には実在しないソフトウエアなどが循環取引として用いられることが

（※1）売上の嵩上げをすることで成長性を演出するという目的のほかに、循環取引にはファイナンス目的（すなわち取引先の資金繰り支援目的）で行われるということも実は多かったりします。これは、循環取引に際して仕入先への決済期間を通常よりも短く設定することで、仕入先に対する実質的な資金融資を行い、その後の返済は当該仕入先における買い戻し代金の支払いという形をとるというものです。

多く、こういった取引については単に伝票の操作だけで完結させることができます。循環取引には色々なパターンがあるのですが、最も一般的なのはUターン取引といって、例えば自社が起点となり、商社等を経由して販売取引が実施されるなど、自社が販売した製品等が複数の会社を経由したうえで最終的に自社に戻り、在庫等として保有されるというものです（※2）。

循環取引で有名な「粉飾」事例は数多くありますが、ここではカネボウの事例を取り上げてみたいと思います。現在は化粧品のブランドとして人口に膾炙しておりますが、かつては紡績業として隆盛を誇った今はなき企業です。カネボウの「粉飾」金額は総額で約2150億円ですが、そのうち興洋染織という実質的なグループ会社の連結外しと循環取引の手口で1000億円超という巨額なものとなっております。

余談ですが、このカネボウの「粉飾」があった当時はそのカネボウの会計監査を担当していた中央青山監査法人の金融部に在籍しておりました。その日のニュース速報でも報じられましたが、証券取引等監視委員会が霞が関ビルの事務

（※2）Uターン取引以外にも、広義の循環取引に含まれるものとして、売上を嵩上げすることだけを目的として商品を右から左に横流しするというスルー取引や、2社間で相互に商品を販売し合い、その後も在庫を保有し合うといったクロス取引といったものがあります。

所に強制捜査に入ったちょうど同時刻に僕はそこから地理的に近いクライアント会社の本社で監査を行っていました。

ニュースの一報が監査室にも入ってきてそこにいたスタッフは皆動揺したのですが、たまたま、その当時の理事長がその会社の監査室にいて、近くにいた筆者の肩に手を置いて、「みんな大丈夫だから安心してくれ」とおっしゃられたのを今でも鮮明に覚えています。まあ、結果として監査法人が解体させられてしまったので、大丈夫ではなかったのですが。

話を戻しますと、この循環取引に登場してくるのは、カネボウと興洋染織、そして複数の商社となるのですが、最終的に在庫等を保有するのはカネボウではなく連結対象から外れた興洋染織でした。具体的には、①カネボウは興洋染織に原材料を売って、②興洋染織はその原材料を用いて製品を生産してカネボウに販売します。③カネボウはそれを商社等に買い戻し条件付きで販売するのですが、④商社からの買い戻しは興洋染織が受け皿となることで、不良在庫の飛ばしを行っています（**図17**参照）。

このスキームですと、興洋染織が最終的な在庫の受け皿会社となりますから、どこかのタイミングで資金的に行き詰ってしまうこととなります。当然ながら商社からの買い戻しオプションの行使によって不良在庫を買い取るためにも資金が必要となるためです。

それを実質的に支援していたのはカネボウです。カネボウは興洋染織からの製品の買取に際しては、150日後を決済日とする約束手形を振り出していました。そして、興洋染織はカネボウの手形を受け取ると、銀行に持ち込んで割引することで現金化をします。逆に、カネボウが興洋染織に対して売却した際に発生した債権については回収することはなかったため、長期滞留債権と化すこととなりました（※3）。

ただ、カネボウ自体もお金が無尽蔵にあるわけではありません。そこで、協力商社に別の循環取引の協力を仰ぐこととなりました。具体的には、製品をカネボウと商社間で同時売買して、商社は自社における与信枠内でカネボウに現金を支

（※3）2004年1月、カネボウは「債権取立て不能のおそれに関するお知らせ」というプレスリリースにて、興洋染織への522億円の貸倒損失を突如明らかにしました。

図17 カネボウの「粉飾」の概念図と仕訳例

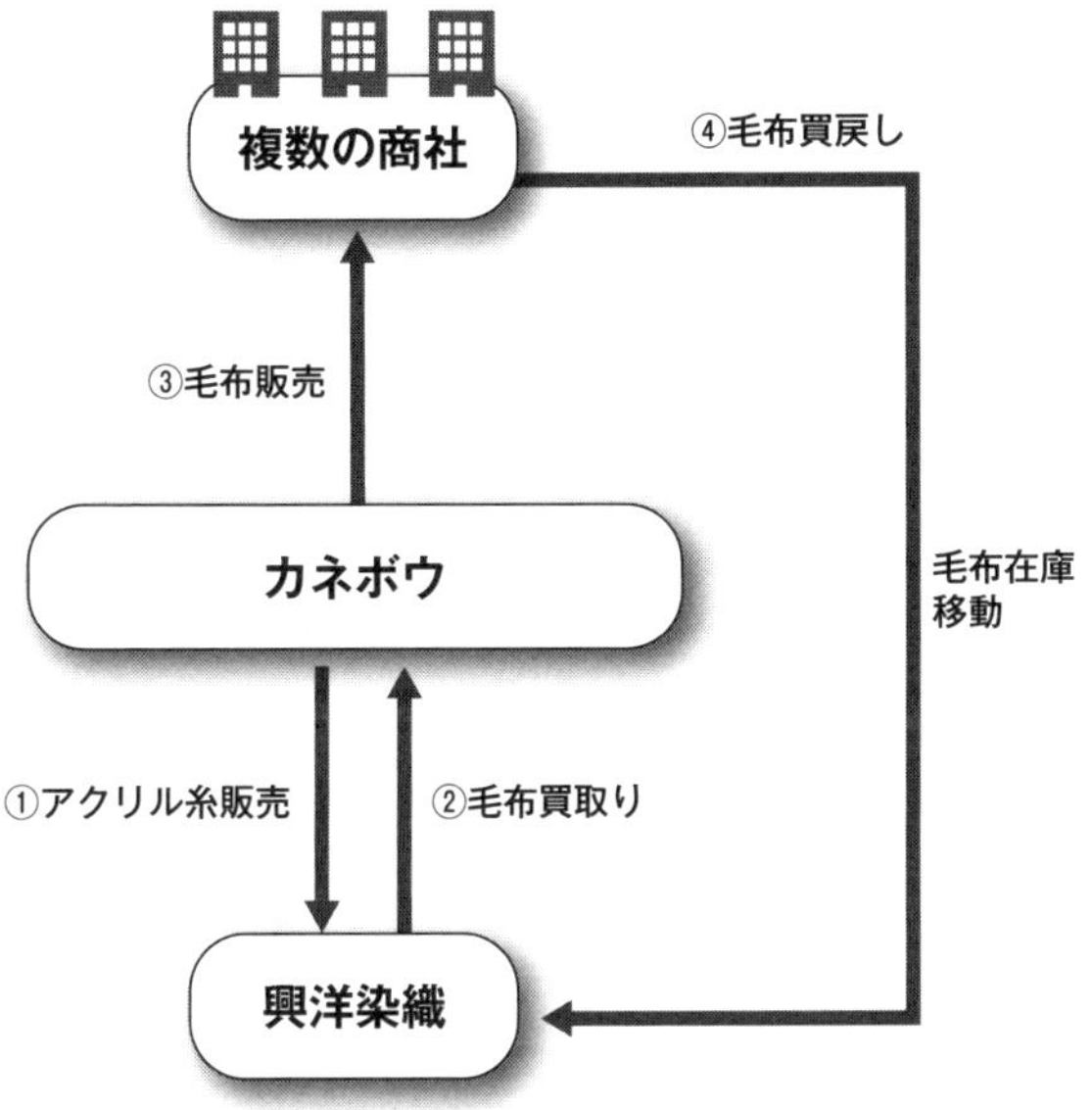

時系列	カネボウにおける仕訳例	補足説明
①カネボウは興洋染織に対してアクリル糸などの原材料を販売する。	売掛金 5,000万円 ／ 売上高 5,000万円	
②興洋染織はカネボウに対して毛布などの製品を販売する。	仕入高 10,000万円 ／ 現預金 10,000万円	
③カネボウは複数の商社に対して毛布を販売する。	現預金 12,000万円 ／ 売上高 12,000万円	
④興洋染織は商社から毛布を買い戻し、不良在庫として保管する。		（翌期に）カネボウが商社から買い戻すというパターンもあり、その場合の仕訳は、売上高 12,000万円 ／ 現預金 12,000万円 となります。その後は興洋染織やその他関係会社に売却することで、不良在庫を連結外に飛ばしていました。

払い、逆にカネボウは150日後決済の手形を振り出すこととしました。要するに、循環取引の本来の目的である売上を大きく見せることと同時に、自社の資金繰りにも供することとなったのです。

最後に、興洋染織の連結外しについても少し触れます。2000年から子会社を連結対象とする際の連結基準がリニューアルされることとなり、新たに実質支配力基準（※4）が導入されることとなりました。ここで焦燥感を募らせることとなったのがカネボウです。それまでグループにおける不良在庫の受け皿として大活躍していた興洋染織を連結対象とする必要が出てきてしまったためです。

そこで、興洋染織の子会社化を避けるために取引先に興洋染織の株を持ってもらうなどの方法で対応することとしました。ただ、カネボウからは資金供与を全面的に受けており、資金面等から実質的に支配されていると判断される会社こそを連結対象とするというのがまさに実質支配力基準となりますから、興洋染織を連結対象から外すということ自体が「粉飾」に該当したということです。

（※4）実質支配力基準とは、親子会社の判定をする際に、議決権の過半数を有するか否かという形式基準によるのではなく、財務および事業の方針の決定を支配しているか否かという実質的な支配力の有無で判定するというものです。

＊

さて次に、循環取引を「脱税」の側面からみていきます。基本的には循環取引は「粉飾」を目的に行われるものですが、「脱税」においても用いられることがあります。例えば、決算期が異なる複数の会社間で協力し合うのですが、架空経費を損金として計上し、実際に代金を支払うという形で架空経費を循環させるというものです。循環取引の損金バージョンと考えていただければ理解しやすいかと思います（※5）。

今回取り上げる事例は消費税の脱税事例になってしまうのですが、ここ最近横行している手口で課税当局のマークも厳しいものになっておりますので、あえてここでご紹介します。消費税法には輸出免税（※6）という規定があり、これを悪用して不正に消費税の還付を受けるという「脱税」手法になります。このスキームは海外の会社をかませることがポイントです。

消費税というのは国内取引において発生するのですが、海外に販売した場合に

（※5）循環取引における「粉飾」の場合は、最終的に在庫に凝縮されることとなりますが、「脱税」の場合は循環取引に参加している企業の中にかぶり屋がいることが多いです。かぶり屋というのは、架空の領収書を発行してそれを販売したりするのですが、文字通り「脱税」の罪を自らかぶったまま雲隠れしてしまう存在のことをいいます。

（※6）輸出免税とは、消費税が免除される輸出取引のことです。そもそも消費税は国内で消費される物やサービスに課せられるものなので、海外で消費されるということであれば、その

はかかりません。ということは、例えば１１０（本体価格１００に10の消費税）のものを仕入れてそれを日本法人に１６５（本体価格１５０に15の消費税）で売るという取引だけでみた場合、本来は15の仮受消費税から10の仮払消費税を差し引いた５の納付義務が生じます。

しかし、１６５の販売先が国外ということになりますと消費税がかからないため、仮受消費税０に対し10の仮払消費税を差し引きますから、10の消費税の還付を受けることができるということになります。輸出免税を利用した「脱税」というのはこういうカラクリです（※7）。この事例のように宝石貴金属のような高額商品を売買する業者には実行しやすいとっておきの「脱税」手法だといえそうです。

そこで、**図18**のように国内の業者から購入したものを海外の法人（C社）に販売したように装うことによって、A社としては消費税の還付を受けることができます。ただ、その商品は国内の業者であるB社（A社にとっての仕入れ業者で、かつ無申告業者）にぐるっと回って、また同じ商品をA社が仕入れるという無限ループとなります。この事例は、まさに輸出免税取引を悪用した消費税の不正還

物やサービスに消費税は課されることはありません。外国人旅行者が日本の市中にある免税店で購入する商品は消費税が免除されているのはよく知られているかと思いますが、それがまさに輸出免税です。

（※7）よく言われるのが、トヨタはあれだけ儲けているにも関わらず、毎年消費税の還付を受けているという批判めいた言葉です。実際にトヨタの売上の大部分が輸出免税取引なので、結果として、納付ではなく還付になることは消費税の仕組みを知っていれば容易に理解できますが、だからといってトヨタに実益があるわけではないです。というのも、そもそも輸出売上では相手方に消費税を転嫁していないと考えられるためです。

図18　輸出免税を悪用した消費税の不正還付の概念図と仕訳例

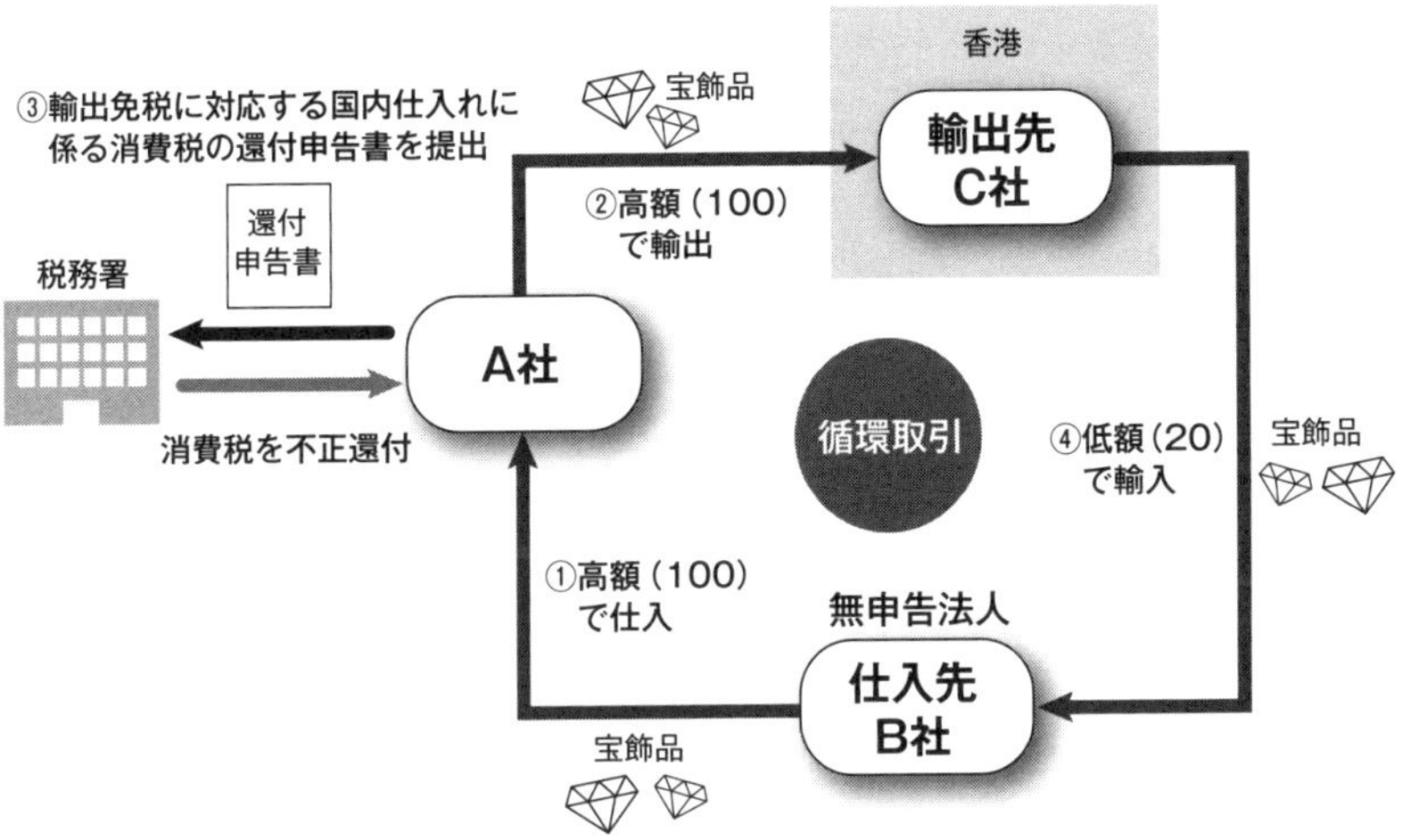

時系列	仕訳例	補足説明
①脱税会社であるA社は、国内の業者（B社）から宝石を仕入れます。	仕入 100 / Cash 110 仮払消費税 10	
②A社は、海外の会社（C社）に対して宝石を輸出します。	売掛金 165 / 売上高 165 仮受消費税 0	
③A社は、消費税の還付申告をします。	仮受消費税 0 / 仮払消費税 10 未収入金 10	消費税は仮受と仮払の差し引き計算です。この段階で国税に対して、10の還付請求をすることとなります。
④B社はC社から宝石を低額で輸入します。		B社は申告をしない法人です。
⑤ ①の取引に戻ります（循環）。	仕入 100 / Cash 110 仮払消費税 10	

付を受けるためだけの循環取引といえます。

補足

☞過去に監査を担当していたクライアント先で、循環取引に遭遇したことがあります。それ以前にはない新規の取引先で、商材もその会社では扱ったことのないものでした。怪しい空気は感じ取ったものの実際に取引相手も存在し、契約書類なども万全に整備されており、また代金も通常通り入金されているため、監査上これを不正なものと認定することはできませんでした。相当深度のある監査を行わないと循環取引を見抜くことは困難であるというのは、筆者の過去の苦い経験からの教訓となりました。

☞消費税の不正還付事件は後を絶ちません。この事例のようなループ取引となりますと、永遠に還付金を受けることができ、まさに無から有を生み出す錬金術です。ちなみに、この手の脱税は悪質性がかなり高いとみなされるのか、3000万円程度の脱税でも告発・起訴されるという実例も散見されます。

2、リース取引による不正は貸し手側で起こる

企業が国境を越えて活動を行うようになって久しい。日本企業が海外に進出する場合は、主に子会社や支店といった形態で現地展開を図っていくこととしております。海外にある既存の会社を買収する形で海外への進出を図るというクロスボーダー型M&Aについては、円安となった現在もそれなりの件数があるようです。そんな中、ここ数年の間ではありますが、海外子会社における「粉飾」が目に付くようになってきました。

そもそも、親会社と子会社というのは、グループ内において顕著な上下関係が今でも蔓延っているといえますが、子会社における経営が順調にいけばいくほど、親会社は下手な手出し・口出しができなくなるといった傾向があります。そして、それが親会社による管理体制を無効化させることにつながり、ひいては子会社において「粉飾」を引き起こすといった事態につながっていきます。さらに、海外子会社のように地理的・文化的な障壁があるということは、そもそも現地の経営者が行う不正を防止・発見するための有効な内部統制を構築しにくいという弱点

図 19 組織図

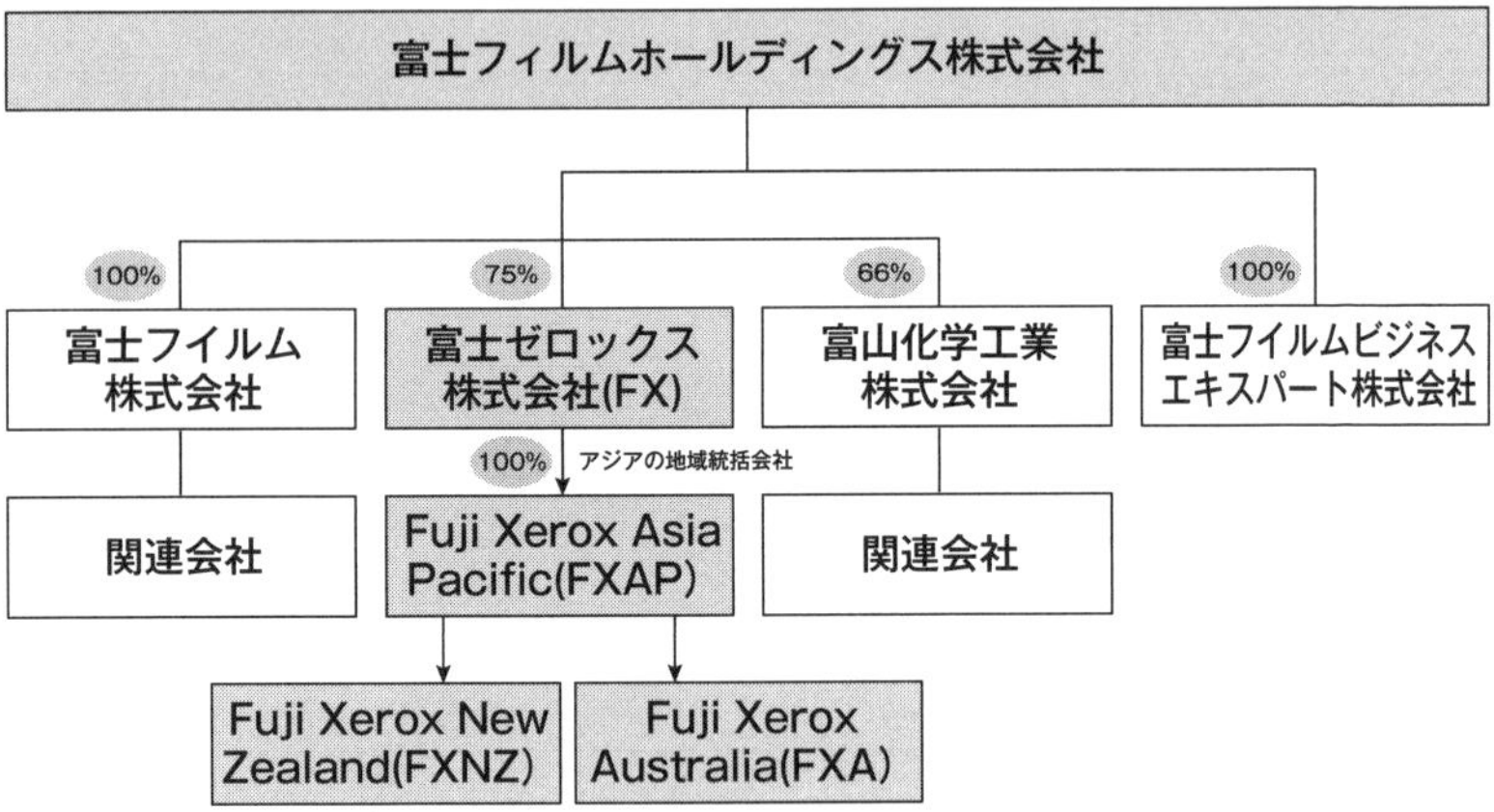

を有することとなります。

これからご紹介する事例は、写真フィルム事業から医療分野へのシフトが成功した富士フィルムなどの複数の子会社を有する持株会社である富士フィルムＨＤです。上場会社である富士フィルムＨＤのもう一つの主要子会社に、複写機やレーザープリンターの製造販売会社である富士ゼロックスがあります。この富士ゼロックスにおけるニュージーランドとオーストラリアにある販売子会社（※１）が起こした「粉飾」で、その額は約４８８億円と公表されております。

（※１）実際は富士ゼロックスの孫会社であり、**図19**の組織図ではＦＸＮＺとＦＸＡの２社が該当します。富士ゼロックスとＦＸＮＺ・ＦＸＡの間にはアジアにおける地域統括会社（組織図ではＦＸＡＰ）があります。

図20　リース取引の仕訳例

	貸し手側の仕訳	補足説明
キャピタルリース		
リース契約開始時	リース債権 100 ／ 売上高 100 売上原価 90 ／ 前受収益 10 ／ 固定資産 80	
リース料受取時	現預金 20 ／ リース債権 20 前受収益 2 ／ 利息収入 2	
リース終了時	現預金 20 ／ リース債権 20	借り手が割安購入オプションを行使しなかった場合の仕訳は、 固定資産（残存価額）／ リース債権（残存価額） となります。
オペレーティングリース		
リース契約開始時	仕訳なし	
リース料受取時	現預金 20 ／ 売上高 20 減価償却費 16 ／ 固定資産 16	
リース終了時	仕訳なし	

実際の手口はというと、海外の販売子会社2社は、コピー機などをニュージーランドやオーストラリア国内の顧客に販売することを業としておりました。そこでの販売形態にリース方式がとられていたのですが、そのリース方式の会計処理が2方式あって顧客との間で締結するリース契約が、現地の会計基準においてキャピタルリース（※2）に該当すれば、リース開始時に代金総額を売上計上し、オペレーティングリースに該当すれば賃貸借処理することになるという会計ルールになっていま

（※2）キャピタルリースに分類するには、ノンキャンセラブル及びフルペイアウトの2要件が必要であるように、実質的には日本基準におけるファイナンスリース取引と同類のものです。

した。ただ、実際のところオペレーティングリースに該当する取引をキャピタルリースとして売買処理を行っていたというのが今回の「粉飾」です。

キャピタルリースに該当した場合の会計処理は予想リース料支払額が売上高として計上され（※3）、リース機器の原価相当額が売上原価として計上されることで粗利が初年度において計上されます。後の年度は、売上高として計上した際の売掛債権を月々のリース料で回収していくという処理になります。このようにキャピタルリースの会計処理は、オペレーティングリースよりも早期に利益の計上を図ることができます。（**図20**の仕訳図参照）

ただ、こういった会計処理を可能とする取引上の前提があって、形式面は顧客と締結するリース契約書上で会計上のキャピタルリースに該当する要件を満たした条項となっていることと、実質的な面では、そもそもリース料総額の回収が確実とみなされる優良顧客に限定されている必要があるものとなっていました。にも拘らず、全顧客に対してキャピタルリースとして処理することで、決算書上の利益水増しを図ることとなりました（※4）。

（※3）厳密にいうと、毎月のリース料についてはプリンターの使用量に比例するという形で顧客と契約していたところ、この使用量を必要以上に高めに見積もることで売上高を過大計上していたとのことです。

ただ、こういったスキームについては必ずどこかで破綻します。なぜかといいますと、それは一部の優良顧客以外については当初計上した売掛債権が回収できないということですから、未回収債権が徐々に膨れ上がっていくことになるためです。ちなみに、海外子会社の業績管理やモニタリングを行う際に、損益管理だけで終わってしまっている会社をよく見かけます。その場合は、海外子会社の資産・負債状況のチェックが漏れてしまうこととなり、今回のような不正発覚が遅れることとなりますので要注意です。

ちなみに、富士ゼロックスにおいてはこの不祥事が一般に公表される前の段階で、外部の弁護士からの報告により「粉飾」の事実を掴んでいました。それにも拘らず、親会社である富士フィルムHDや監査法人に対しては「不正会計はなかった」との説明のみで情報開示されることはなく、一度は揉み消されていました（※5）。よって、このような一連の事実に対して、富士フィルムHDによる富士ゼロックスへのガバナンスの欠如が招いた「粉飾」といった形でメディアでは取り沙汰されることになってしまいました。

（※4）現地の経営層には利益連動型の報酬体系を設定していたため、「粉飾」を実行する誘因はありました。

（※5）揉み消される前、親会社である富士フィルムHDにおいては、現地ニュージーランドのメディアによる報道があったため、すでにこの「粉飾」については疑念をいだいておりました。

富士ゼロックスの「強すぎる子会社」という客観的な状況が引き起こしたものなのか、それとも富士フィルムHDによる富士ゼロックスへの「過度なリスペクト」がそもそもの根本原因なのか。いずれにせよ、富士ゼロックスに対するコントロールが不全になっていたことが、「粉飾」の発見・公表を遅らせることとなってしまったという事例でした。

＊

さて、次はリース取引に係る「脱税」事例ですが、こちらも「粉飾」事例と同様にリースの貸し手側において生じたものになります。リース取引の貸し手側の会計処理として、ファイナンスリースに該当した場合は売買処理され、リース資産が借り手側に移転するのに対して、オペレーティングリースに該当した場合は貸し手側にてリース資産の保有を継続し、減価償却していくこととなります。

フィルムリース事件として、これも実務家の間では有名な事例になります（**図21**参照）。①映画フィルムに関する諸権利の購入及び貸付を行う民法上の組合（以

図21　フィルムリース事件の概念図と仕訳例

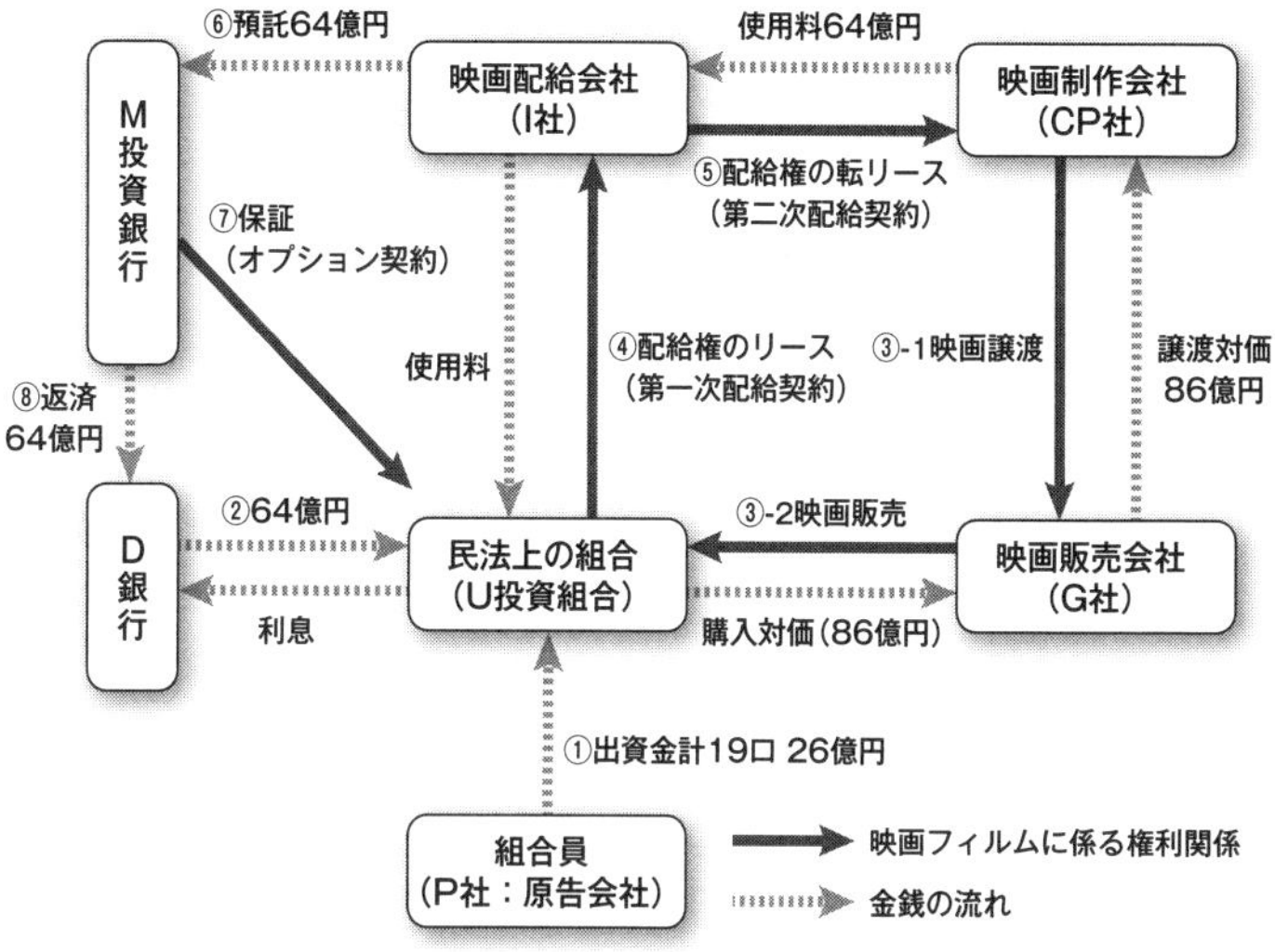

時系列（U投資組合のみ）	仕訳	補足説明
①P社ほか組合員からの出資を受ける。	Cash 26億円 ／ 出資金 26億円	
②D銀行から融資を受ける。	Cash 64億円 ／ 借入金 64億円	
③CP社から映画フィルムを購入する。	器具備品 86億円 ／ Cash 86億円	
リース期間におけるリース料の受け取りと減価償却費の計上。	Cash 36億円 ／受取リース料 100億円 未収入金 64億円／ 減価償却費 86億円 ／ 器具備品 86億円	減価償却費についてはリース期間の前半ですべて計上されます。
⑧D銀行へ借入金の返済をする。	借入金 64億円 ／未収入金 64億円 支払利息 10億円／ Cash 10億円	実際のところ、元本の64億円についてはM投資銀行からD銀行へ支払われている。

下、U投資組合といいます。）に、組合員であるP社は出資をすることでその結成に参加しました（※6）。②U投資組合における映画フィルムの購入については、自己資金及び借入金を原資とし、③アメリカの映画製作会社（以下、CP社という。）からG社経由で購入しました（※7）。

また、④U投資組合はオランダの映画配給会社（以下、I社という。）に対してこの映画の配給権をリースすることとなりましたが、⑤それがそのままCP社に転リースされることとなります。要するに、もともとCP社が制作した映画フィルムが形の上ではU投資組合が有するものの、実際の配給自体もCP社が行っていたというのが実態です。

次にお金の流れを見ていきます。U投資組合が組合員から出資を受けたのが26億円で、D銀行からの借入金64億円と合わせて、CP社に対してG社を経由して映画フィルム代金86億円を支払い、残額である4億円はこのスキームを提案したM投資銀行及びD銀行に対する手数料となりました。また、CP社はI社に対して使用料として64億円を支払いますが、⑥そのお金はそのままM投資銀行に預

（※6）民法上の組合で発生する損失については、その組合員は自社の決算において取り込むことができます。映画フィルムは耐用年数が2年間という短期であるため、早期に多額の減価償却費の計上が可能であり、また金融機関からの融資によってレバレッジを効かせることで高い節税効果の実現を図ったというものであります。

（※7）P社においては、出資総額26億円（19口）のうち1．4億円（1口）を出資しています。

託されることとなります。

U投資組合は、映画の興行成績に応じたライセンス料を受け取ることとなりますが、⑦D銀行からの当初の借入金についてはそもそもM投資銀行から保証されていました。実際、⑧リース終了後において上記64億円はM投資銀行からD銀行へ返済されることとなりました。

ここまで見てきて、このスキームが循環金融の手口であることがおわかりでしょうか。映画を制作し配給もしているCP社が実質的に映画に関する権利自体も保有しているといえますし、またお金の流れに関しても64億円がD銀行を起点としてぐるっと回っているだけなのも見て取れるでしょう。その意味では、U投資組合においては借り入れにおける返済リスクについても当初から有していないといったものでした。

この事案は最高裁まで争われたものですが、結果的にP社において当スキームから損金として取り込んだ金額が全て否認されることとなります（※8）。判決に

（※8）P社においては、リース期間である5年間で減価償却費やD銀行への支払利息の計上など約4.5億円の損金を取り込むこととなりました。

おいては、映画に係る事業自体がU投資組合における本業であるとはいえず、よって映画フィルムも減価償却資産には該当しないという理由で減価償却費の損金算入が否認されることとなりました。

補足

☞リース会計による「粉飾」や「脱税」事例の多くは、借り手よりも貸し手側において生じます。厳格な会計基準（または税法）への準拠という意味では借り手も貸し手も同様でありますが、不正を働く際の金額的インパクトが小さいという意味では借り手側にとっては「粉飾」や「脱税」を実行する動機は弱いといえるのかもしれません。

☞リース取引において借り手側は、ROEという財務数値をよく見せるためにリース債務という負債が簿外となるオペレーティングリースを好むため、本来はファイナンスリース取引であるものをオペレーティングリースとして処理するといった「粉飾」があります。「脱税」の場合はリース資産を有することによる減価償却費の計上に際して、例えば見積書を入手する段階で相手会社と結託し、建物付属設備を備品としてのリースに偽装することで早期の償却を行うというようなものが典型例です。

3、工事の進行具合は恣意的に決められる

企業会計では、建設業や受注製作のソフトウエア業（ITベンダー等）などのようにあらかじめ請負金額が決められていて、かつ生産に着手してから完成までに相当の期間を要する長期請負工事については、工事完成基準と工事進行基準の選択適用が認められています（※1）。

「工事進行基準」とは、工事を行っている期間にわたり、工事の進捗度に応じて収益を認識する方法であり、工事収益総額や工事原価総額、決算日における工事進捗度を合理的に見積もることで、工事収益及び工事原価を認識する方法です。それに対して「工事完成基準」とは、工事が完成して顧客に引き渡しが完了した時点で工事収益及び工事原価を認識する方法をいいます（※2）。

工事進行基準による工事収益及び工事原価の認識というのは、以下の算式によって計算されます。

（※1）これらの会計処理は、仕事の完成に対して対価が支払われる請負契約のうち、土木、建築等、基本的な仕様や作業内容を顧客の指図に基づいて行う契約について適用されます。ただし、もっぱらサービスの提供を目的とする契約などについては適用されないこととなっています。

（※2）それに対して、税法は少し適用要件が厳密になります。すなわち、工事のうち次のすべての要件にあてはまるもの（①工事期間が1年以上、②請負対価が10億円以上、③請負時

工事収益：請負対価の額×工事進捗度
工事原価：実際発生原価（決算日までに発生した工事原価累計額）
工事進捗度＝決算日までに発生した工事原価累計額／期末の現況により見積もられる工事原価総額

この計算式を見てもわかるように、工事進行基準の特徴でもあるのですが、決算日において工事進捗度を見積もることで工事完成基準よりも先んじて収益が計上されるという点です。最も単純な例ですが、仮に請負対価の額が100で、期末の現況により見積もられる工事原価総額が80だとすると、工事進捗度の分子にあるすでに要したコストが仮に20であった場合、工事進捗度は25％（＝20／80）となります。その場合は、売上が25、原価が20となるので利益が5となります。

このように、工事進行基準においては工事の完成・引き渡しに先立って売上や利益を計上することができるのですが、そのためには上記の工事収益や工事原価、工事進捗度について信頼性をもって見積もることができなければならず（※3）、

価の2分の1以上がその工事の目的物の引渡の期日から1年を経過する日までに支払われることが定められていること）については長期大規模工事とされ、工事進行基準が強制適用されます。また、それ以外の工事については、個別の工事ごとに工事進行基準の選択適用が認められるということになっております。

（※3）期末の現況における工事原価総額の見積りについては、工事契約に着手した後も様々な状況の変化によって変動することが多いといえます。そのため、工事の各段階における工事原価の見積りの詳細な積み上げができ、かつ適時適切に工事原価総額の見積りの見直しができる原価管理体制が構築されている必要があります。

もし見積もることができないということですとその場合は工事完成基準を適用するということになります。

工事進行基準における「粉飾」の事例としては、これも有名な事例としてよく取り上げられる東芝で行われた手口を紹介したいと思います。東芝は、２０１５年７月に不正会計処理に対する第三者委員会の調査報告書が公表され、税引前損益の修正額が１５１８億円にものぼることが判明し世間を驚かせることとなりました（※4）。その組織的利益操作とされた１５１８億円のうちおよそ４７７億円については工事進行基準における粉飾であります（※5）。

東芝で行われた手口は、工事原価総額を低く見積もることにより、工事進捗率を実際の進捗割合よりも高くすることで、利益をどんどん前倒しで計上していくというものです。先ほどの数値例ですと、仮に進捗率が25％ではなくて50％であった場合は利益が10計上されることになり、５だけ利益が嵩上げされることとなります。

（※4）そのほかに、映像事業における経費の繰延（84億円）、半導体事業の在庫評価における、標準原価計算を用いることによって計上された原価差額の不適切な配賦（３４８億円）、パソコン事業において生産委託先に対する部品等の有償支給において、東芝は買い戻す予定のために本来はその有償支給に係る取引からは利益が生じないところ、このような未実現の利益を控除（除外）してなかったことによるもの（５９５億円）が指摘されました。（参考までに、部品の有償支給についての仕訳例は、**図22**参照）。

（※5）ちなみに、東芝の場合は、工事収益総額が10億円以上の場合に工事進行基準を適用するという社内ルールを採用しております。

図22 東芝の「粉飾」──部品の有償支給の仕訳例

東芝の粉飾（パソコン事業）	仕訳	補足説明
①ベンダーから部品を100にて購入する。	在庫 100 ／ 買掛金 100	
②生産委託先に対して、マスキング価格500にて有償支給する。（マスキング価格とは、部品を供給する際の調達価額を上回る価格のこと）	未収入金 500 ／ 在庫 100 製造原価 400	本来は、 未収入金 500／在庫 100 材料交付差益 400 となるところを、製造原価からマイナスするという処理によって利益を計上しておりました。なお、マスキング価格は東芝が任意に決めた価格でした。
③生産委託先から、完成品を550にて購入する。	在庫 150 ／ 未収入金 500 製造原価 400 ／ 買掛金 50	

このように、工事進行基準における見積もりで重要なのは、工事進捗度を計算する際の分母となる工事原価総額となります。この工事原価を実態より過少に見積もることで、進捗度を高め、利益を先出しするというのがこの「粉飾」のミソです。この例でいうと、本来は工事原価の額が80と想定されていたのに対し、「粉飾」における見積り計算上60とした場合、進捗度は33％（＝20／60）となり、売上が33、原価が20となるので利益は13となります。

ちなみに、翌年度にこの工事が

完了した場合、翌期の売上は67（＝100－33）、原価が60（＝80－20）となるので利益は7となります。もちろん工事全体として利益は20であり、本来は工事1期目に5、2期目に15となるところ、工事原価総額の見積りを過小にしたがために1期目に13、2期目に7という利益が計上されることとなったわけです。こうやってみると、工事進行基準が単なる利益の先食いであると同時に、割と簡便な「粉飾」ツールだということが見て取れます。

この工事会計にはもう一つの特有な処理があります。長期請負工事において赤字覚悟でプロジェクトを受注した場合などでは、請負対価の額を工事原価総額が超えてしまうといったことがありますが（※6）、そういった損失発生の可能性が高い場合には工事損失引当金を計上しなければならないというのが工事会計のルールです。

工事損失引当金は、工事収益総額より工事原価総額の方が大きい場合に計上しなければならず、発生する可能性が高くなった時点で、その会計期間において引当計上する必要があります（※7）。引当金は以下の算式で計算します。

（※6）いわゆる赤字受注工事のことで、東芝ではロスコンと呼んでおりました。

（※7）引当金計上の要件については、P70参照。

工事進行基準における工事損失引当金：工事原価総額－工事収益総額（－既計上の損益額）

この算式を見る限り、このケースでも工事原価総額を小さく見積もることで引当計上を免れることができるかと思います。東芝の場合は、こういったケースではコストの削減を見込んでいるという理由で引当計上を回避していたといいます。

＊

では、今度は「脱税」の観点から工事進行基準を見ていきましょう。ハウスメーカー大手の大和ハウスの事例になりますが、工事進行基準を採用していた場合における見積りコストの額が期末の現況を適切に反映できていなかったとして、売上の過少計上であると指摘を受けたとのことです。

細かな内容は不明なのですが、大和ハウスのＩＲ情報によると「共通経費処理していた一部の費用を個別原価処理すべき」と指摘されたとのことですから、上記進捗度の計算式でいうところの分母ではなく分子が実際よりも過小に計上されていたということでしょうか。進捗度を実際よりも遅くすることで、売上計上を先送りしていたということです（※8）。

いずれにせよ、工事進行基準という長期大規模工事に適用される会計ルールにおいては、売上の繰上や繰延がある程度恣意的にできてしまうということがお分かり頂けたかと思います。その意味では、この基準自体が「粉飾」や「脱税」の温床ともなっているわけです。

（※8）その他にも、「同一プロジェクト内で複数の請負工事を個別契約し、完成した工事ごとに売上処理していたが、仕入先への外注費や材料費などの原価について、本来計上すべき工事で適切に処理されていないと指摘されたもの」や、「複数棟の請負工事を、完成した街区ごとに売上処理していたが、全体にまたがる外構工事の原価について、街区ごとに適切に処理されていないと指摘されたもの」があります。

補足

東芝が行っていたような工事進行基準を悪用することによる利益の嵩上げというのは、利益の繰上げ、または損失の先送りのテクニックにすぎず、実際の工事完成時には収益や費用も確定した実際の金額のものになります。

「収益認識に係る会計基準」の適用に伴い、工事進行基準は廃止されます。新基準においても実質的に工事進行基準と同様の会計処理を行うことは可能となっておりますが、いくつか適用のための要件が異なることになるので注意が必要です。（新基準は2021年4月期より強制適用）

4、貸し倒れにおける拠り所の違い

売掛金や貸付金などの金銭債権に対して、その回収可能性がないと判断された場合、会計基準の上では貸倒引当金を計上して債権額を間接的に減額するか、もしくは貸倒損失を計上して債権額そのものを減額するかのどちらかの会計処理を行う必要があります。

本節における「粉飾」事例は、1998年10月に経営破綻した日本長期信用銀行（現・新生銀行、以下「長銀」という。）が、1998年3月期の決算において取立不能と見込まれる貸付金の償却又は引き当てをしなかったことにより、当期末処理損失を圧縮した「粉飾」をしたために、最高裁まで争われたという事例になります。

また同様に、1998年12月に経営破綻した日本債券信用銀行（現・あおぞら銀行、以下「日債銀」という。）が、1998年3月期の決算において上記と同様の「粉飾」をしたために、こちらも最高裁まで争われることとなりました（※1）。

（※1）ちなみに、次の「脱税」事例では日本興業銀行（現・みずほ銀行）のものを題材とするので、奇しくも今はなき長期信用銀行3行の事例を扱うこととなります。

概要はというと、両行ともバブル経済時の乱脈融資の結果としての巨額の不良債権が存在したにもかかわらず、それに対して引当・償却処理を行わなかったことがまさに「粉飾」とみなされたというものであります（※2）。長銀においては最高裁にて逆転無罪判決となり、日債銀においては高裁にて差し戻し後に逆転無罪判決という形でどちらも銀行側が勝訴したのですが、ここでの争点は当時の会計基準に準拠していたか否かという点でした。

最高裁が重視したのは、商法に規定されている「公正なる会計慣行」の基礎となる会計基準の変遷です。当時は、銀行において決算の基準となるべき「決算経理基準」なるものが存在し、その基準のうえでは貸付金等の償却または貸倒引当は、税法上の損金算入が認められる範囲内で行うのが通常であるとされていました。

他方、1997年3月以降、当時の大蔵省からの通達によって、銀行はその有する貸付金について自ら設けた基準に基づいて自己査定を行い、必要な償却・引

（※2）長銀における「粉飾」額は約3130億円とされ、日債銀は約1592億円と認定されました。また、両行の違いといえば長銀が関連ノンバンク向けの債権を有しているのに対して、日債銀は独立系のノンバンク向け債権であったという点であります。

き当てを行うべきであるとされることとなりました（以下、改正決算経理基準というます。）。その意味では、裁判で問題となった1998年3月期の決算というのはちょうど過渡期であったといえましょう。

1、2審においては、資産査定通達（＝改正決算経理基準）こそが唯一の「公正なる会計慣行」であるから、二つの基準の併存はあり得ないと判示していました。それに対して、最高裁は従来の税法基準による処理も改正決算経理基準による処理も、この事案においては「公正なる会計慣行」であるということができるので、税法基準に従っていた長銀の処理は直ちに違法とは言えないと結論付けています。

ちなみに、税法基準の引当・償却要件というのは、ほぼ全額が回収不能といえないと損金としては認めないというものであるため、逆にいうと完全に回収不能になるまで引当はしなくてもいいということを意味します。最高裁における補足意見でも「長銀の本件決算は、その抱える不良債権の実態と大きく乖離していたものと推認される」と述べられている通り、その実態は「粉飾」であったといえるのではないかと思います。

＊

さて、「脱税」の方では日本興業銀行の事例を概観していきたいと思います。この事例も、先の2行と同様に最高裁にて銀行側の逆転勝訴となったものです。日本興業銀行は住宅金融専門会社（住専）である日本ハウジングローン（以下、ＮＨＬといいます。）の母体行でしたが、当時はＮＨＬに対して３７６０億円もの貸付債権を有しておりました。

当時の住専処理・不良債権処理策の一環として、日本興業銀行は当該貸付債権を解除条件付で債権放棄をし、当該貸付債権相当額を貸倒損失として損金の額に計上したところ、課税当局側は、当該債権についてはその全額が回収不能とは認められないという理由で損金算入を否認したために訴訟を提起するに至ったというものです（※3）。

（※3）本件のもう一つの争点として、解除条件付の債権放棄については未だ未確定であるために貸倒損失は認められないという課税当局側の主張があったものの、こちらについても興銀側の処理が認められることとなりました。

実務におけるこれまでの貸倒損失の計上は、通達（※4）において規定されているように「その債務者の資産状況、支払能力等からみてその全額が回収できないことが明らかになった場合」（※5）においてのみ認められるという形で運用されてきました。

このような全額が回収不能であるという事実をどのように認定するのかという点で、最高裁としては社会通念に基づいて判断した場合にどうなるかという視座が必要との判決を下すこととなりました。すなわち、債務者の資産状況や支払能力等といった債務者側の事情だけではなく、債権回収に必要な労力であったり、債権回収を強行することによって生ずる他の債権者との軋轢などによる経営的損失などの債権者側の事情も勘案して判断すべきとしたのです。

〝社会通念〟というのは、税務の実務に携わっている限りよく出てくる頻出概念です。社会通念の定義ですが、社会生活を営むうえで、その社会において存在する共通的意識のことであり、その社会における健全な常識あるいは判断をいうとされています。この概念は、法律に欠缺がある場合などは社会通念に従って判断

（※4）通達というのは、法律とは違い、厳密に言えば単に税務行政を執行する際の税務署内部における決まりごとのようなものです。ただ、事実上は限りなく法律に近い拘束力を持ってしまっているというものになります。

（※5）法人税基本通達9－6－2における、いわゆる事実上の貸し倒れというものです。

せざるを得ないので、本事例も含めてそういったシチュエーションで登場してきます。

もともと、この事例のように債権の事実上の貸倒については客観的な根拠というのはなかなか入手できないものでもありました（※6）。そういった中で、社会通念に従ったうえで、債権者側の事情も考慮しつつ貸倒損失を計上することができると判示されたということは、その後の実務にも少なからず影響を与えることとなりました。

（※6）例えば、貸付先の決算書を入手するという行為などは、相手先によっては実務上困難なことも多々あります。

補足

☞長銀や日債銀の事例において、多額の不良債権に対する償却・引当てを税法基準で行うということについては、実態を反映させたものには全くなっておらず、今となってはなぜこのような基準となっていたかが疑問です。というのも、貸倒に対する考え方は会計と税務が最も乖離する部分だからです。

☞日本興業銀行の事例におけるその判決の意義についてですが、貸倒損失の計上に際して従来のいわゆる「通達基準」ですと債務者側の事情でしか判断できず、しかもその客観性の担保は実務上困難であるとされていました。対して、いわゆる「社会通念基準」という債務者側の事情だけでなく債権者側の事情も加味して総合的に判断してもいいという基準は、貸倒の認定範囲が広がったという意味で非常に画期的なものであったといえましょう。

5、資本取引と連結の組み合わせ

自己株式というのは自社で保有している自社の株式のことをいいますが、自社でのその取得や売却については資本取引（※1）に区分され、損益取引とは区別されることとなっており、また資本取引からは損益を認識しないというのが会計のルールとなっております。そして、これから紹介するあのホリエモンこと堀江貴文氏が逮捕された（※2）、あまりに有名なライブドアの「粉飾」事件は、この自己株式の売却益約37億円を売上高に振り替えたというものになります（※3）。

そんな時代の寵児でもありM&Aの申し子といわれた堀江氏率いるライブドア（インターネット関連ビジネスを営んでいた会社）が、ある携帯電話関連のベンチャー企業（以下、K社といいます。）を買収することとなりました。当初は株式交換（※4）による買収を画策したものの、K社の株主がK社株式を売却する対価としてライブドア株ではなく現金8億円が欲しいといい出しました。

図23にて確認していきたいと思います。まず、一旦は①ライブドアが株式交換

（※1）資本取引とは、損益取引以外の取引で純資産の増減をもたらす取引のことをいいます。

（※2）「粉飾」決算事件として堀江氏ほか関与者の刑事責任が問われるか否かについては、当該虚偽記載に対する悪意の有無がポイントでした。要するに、これが虚偽であることを知っていたか否かということです。堀江氏は一貫して悪意がないことを主張していましたが、結果的に異例の実刑判決が確定することとなりました。

（※3）その他、関係会社に対する架空売上の計上が16億円あり、合計53億円の利益の過大計上というのが「粉飾」事件の全貌です。

（※4）株式交換とは、簡単に

による新株を発行して、Ｋ社株主に対してＫ社株と引き換えに新株を交付したのですが、その後すぐに②ライブドアの子会社であるライブドアファイナンス（以下、ＬＤＦといいます。）が出資する投資事業組合（以下、投資事業組合Ⅰといいます。）がライブドア株を現金でＫ社株主から買い取ることとなりました。

ちなみに、なぜこの投資事業組合Ⅰが８億円もの買い取り資金を持っていたかというと、その前にオーナーである堀江氏の持ち株から８億円分のライブドア株をいったん貸し株として借り入れ、それを市場で売却して８億円のキャッシュを捻出したためです。そしてその８億円をＫ社株主から受け取るライブドア株の対価としたということであります（※５）。

さて、そこから③投資事業組合Ⅰはまた別の投資事業組合（以下、投資事業組合Ⅱといいます。）にライブドア株を現物出資し、④その投資事業組合Ⅱが市場でライブドア株を売却することとなったわけですが、そうこうする間にも株式分割などを行っていたこともあり、ライブドアの株価が暴騰していました。その暴騰の結果として、投資事業組合Ⅱは37億円の株式売却益を得たわけですが、⑤そ

いうと買収する側の会社と買収される側の会社の株式を交換することによって、１００％子会社化するという企業買収の手法であります。この事例ですと、ライブドアがＫ社の株式を取得する代わりに、現金を対価とするのではなくライブドア株式を対価とすることによってＫ社を傘下に収めようとしました。この方が、ライブドアにとって買収のための現金が必要ないため手軽に買収できることとなります。

（※５）８億円相当のライブドア株については、後に堀江氏に返却したということです。

図23 ライブドア事件の概念図と仕訳例

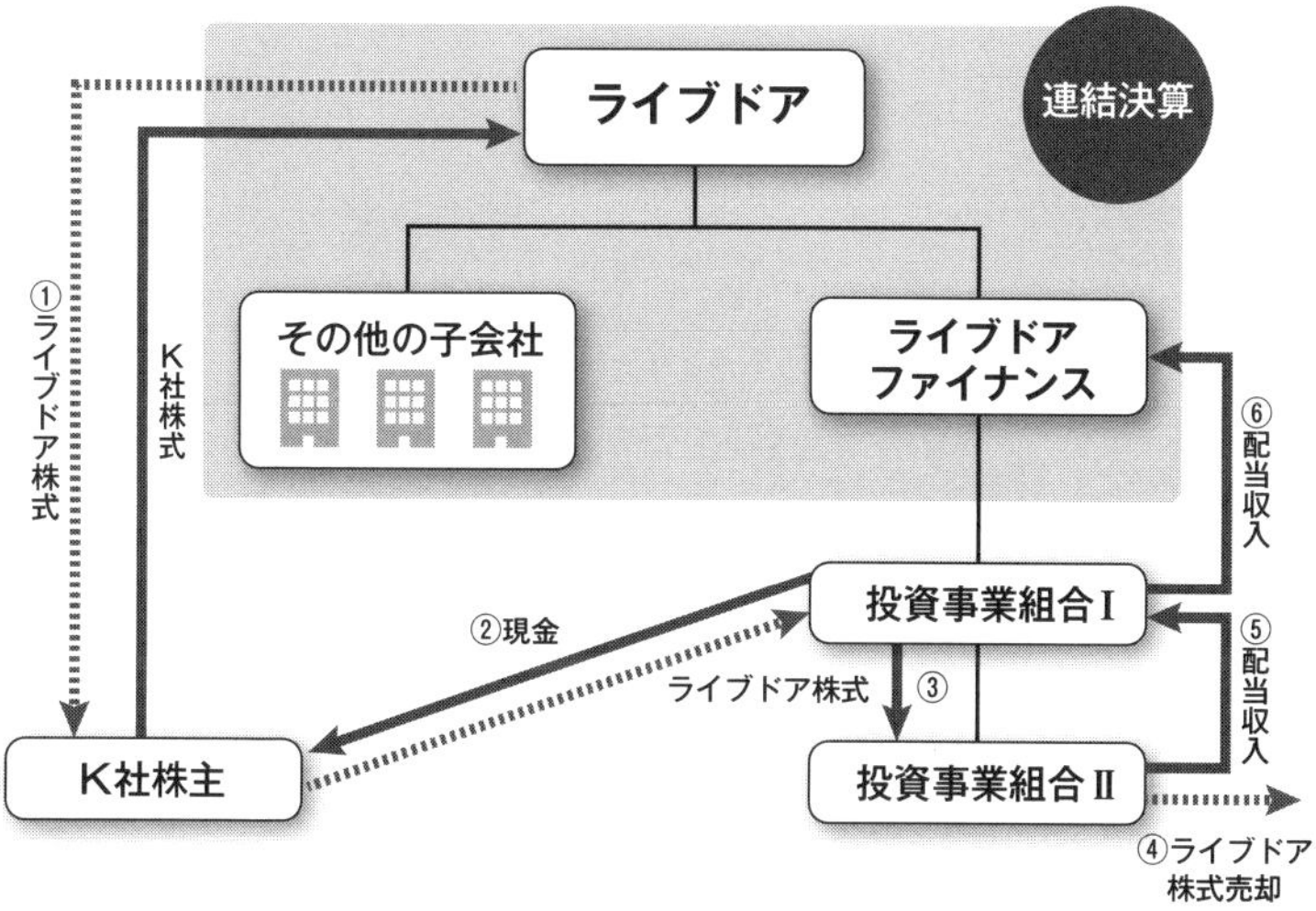

時系列	連結上の仕訳	補足説明
①ライブドアがK社を株式交換による完全子会社化をします。K社株主に対してK社株式と引き換えにライブドアの新株を交付する。	K社株式 8億円 ／ 資本金 8億円	
②投資事業組合Ⅰがライブドア株式を現金でK社株主から買い取る。		連結上のあるべき仕訳は、 自己株式 8億円 ／ 現預金 8億円 となります。
③投資事業組合Ⅰは投資事業組合Ⅱにライブドア株式を現物出資する。		投資事業組合Ⅱを組成したのは、特にこの「粉飾」スキームとは関係ないようです。
④投資事業組合Ⅱは市場でライブドア株式を売却し、37億円の株式売却益を計上する。		
⑤投資事業組合Ⅱの株式売却益を投資事業組合Ⅰが配当で吸い上げる。		
⑥ ⑤のお金をLDFが投資事業組合Ⅰから配当で吸い上げる。	現預金 37億円 ／ 売上高 37億円	連結上のあるべき仕訳は、 現預金 45億円 ／ その他資本剰余金 37億円 自己株式 8億円 となります。

のお金が投資事業組合Ⅱから投資事業組合Ⅰへ、⑥さらに投資事業組合ⅠからＬＤＦへと渡ることとなります。

と、ここまでの取引自体については特段問題ありません。この事例における「粉飾」の肝は、投資事業組合ⅠとⅡを連結の対象外としたところにあります。ライブドア株を有する投資事業組合Ⅱが巨額の株式売却益を計上し、そのお金をライブドアの子会社であるＬＤＦが配当金として吸い上げたということですから、当該配当金は金融会社であるＬＤＦの売上高として計上され、またそれは連結上の売上高としても計上されることとなりました。

ただ、投資事業組合は（ⅠもⅡも）そもそもライブドアの実質支配下にあるわけですから、当然ライブドアの連結対象となるべきであったわけです。そしてライブドアにおける連結上の観点から考えた場合、投資事業組合によるライブドア株式の売却というのは、まさに自社株の売却となります。よって本来は、自社株売却益ではなく、その他資本剰余金となるのであって、決して売却益（計上したのは売上高）という利益計上（＝損益取引）とはならないというのが会計のルールです。

一点補足すると、こういった手口は「連結外し」といわれ、本来連結すべき子会社が業績不振のため、意図的に連結対象から外したいといった場合に、実質的な支配が存在しないように偽装するといったケースなどがあります（本章におけるカネボウの事例はまさにそうです）。この事例は幾分趣旨が異なりますが、連結財務諸表作成基準では、実質的にその会社を支配している場合には子会社と判断され、連結対象に含めることとなっているのであります（※6）。

＊

ちなみに、未だに勘違いされている方が多いと感じるのが、連結決算と連結納税の違いです。その両者は全く異なる概念なので、この機会に違いを押さえてください。まず企業会計というのは連結決算をベースとするのに対して、税務においては単体課税を原則とする点で根本的に異なります。

（※6）ここでいう「実質的」とは何かということですが、形式的には子会社や関連会社に該当しなくとも、例えば社長を兼任していたり、相手会社に資金供与するなどして資金繰りを通して支配していたりする場合等をいいます。また、それは会社形態だけでなく本事例のような組合においても同様です。

連結決算というのは、親会社と子会社、関連会社を含めた企業グループが単一の組織として行う決算のことをいいます。それに対して、連結納税というのは連結グループに属するそれぞれの法人の所得金額と欠損金額を損益通算して連結所得金額を計算し、連結所得に対する法人税額を親法人がまとめて納税するという制度になります。

もう少し具体的な相違点をいうと、連結決算では持ち株比率50％以上の子会社等（海外の子会社等も含みます）は原則として連結対象となるのに対して、連結納税では対象となる会社は持ち株比率１００％のいわゆる完全所有会社のみであり、また海外の子会社等は連結納税の対象に含めることはできません。さらに、企業会計上の連結財務諸表の作成は義務的事項であるのに対して、連結納税はあくまで税務署長の承認事項となっています。

＊

と、ここまでお話ししたうえで、次は「脱税」事例を見ていきたいと思います。こちらも実務家の間では知らない人はいないといってもいいほどの訴訟事例で、コンピューター関連サービス企業であるＩＢＭ（のグループ内企業）が行った自社株売却と、その際に計上された損失を連結納税によって取り込む形で連結グループにおける納税額を大幅に圧縮したというものです。

図24を見て下さい。米国ＩＢＭは子会社である日本ＩＢＭの株式を日本にある中間持株会社（以下、ＡＰ社といいます。）に譲渡しました（※7）。その後、ＡＰ社は日本ＩＢＭに対して自社が保有する日本ＩＢＭ株式の一部を譲渡します（日本ＩＢＭからすると自己株式の取得となります）。ＡＰ社からすれば、米国ＩＢＭから購入した価格と同額で日本ＩＢＭに売却したため、会計上は譲渡益も損も計上されることはありません。

しかし、税務上の処理は会計処理と異なり、株式譲渡損失とみなし配当が両建てで計上されるというルールになっておりました（仕訳例③参照）。その場合、みなし配当については配当金の益金不算入によって課税されない反面、譲渡損については損金となります（※8）。こういった税法の穴を突くような手口を使って

（※7）この中間持株会社は、米国ＩＢＭが日本ＩＢＭ株式譲渡の2か月前にどこかの会計事務所から低価格で取得した実体のない会社であり、課税当局はペーパーカンパニーと認定しておりました。

（※8）取得する自己株式に対応する資本金等の額を超える部分は、みなし配当として取り扱われると同時に、株主における譲渡損益の計算上、みなし配当の額については譲渡対価の額から控除されることから、この件のように譲渡価格と簿価が同額の場合には、株主においてみなし配当の額と同額の譲渡損失が発生するということになります。

約4千億円もの損金をAP社に貯め込んだわけです。そして、AP社はこの損金を、先ほどご紹介した連結納税を利用して日本IBMにおける黒字と相殺し、結果としてグループ全体の税金負担を大幅に減少させました。

ちなみに、このスキームについては、その後の税制改正でできなくなりました。すなわち、100%親子会社間における自己株式取得の場合は譲渡損益の認識が繰り延べられることとなり、また、100%親子会社間でなくても株主が株式を取得した当時において将来における自己株式取得が予定されていた場合の当該株式に係るみなし配当については益金不算入規定の適用対象外となりました。

さて、このようなIBM側の一連の行為に対して課税当局は法人税法132条の行為計算否認規定（P104参照）により、IBMには租税回避の意図が認められるとして当該欠損金の控除を否認することとなったのですが、この訴訟での大きな争点は中間持株会社の存在意義でした。要するに、あってもなくてもいいものをなぜ存在させるに至ったのか、それは自己株譲渡による譲渡損を作出するためだけに存在するものじゃないのかというのが課税当局側の主張です。ただ確定し

（※9）従来の学説においては、〝正当な理由ないし事業目的〟がある限りは租税回避として否認されることがないという前提で実務が行われてきたもの

図24 日本IBM事件の概要図と仕訳例

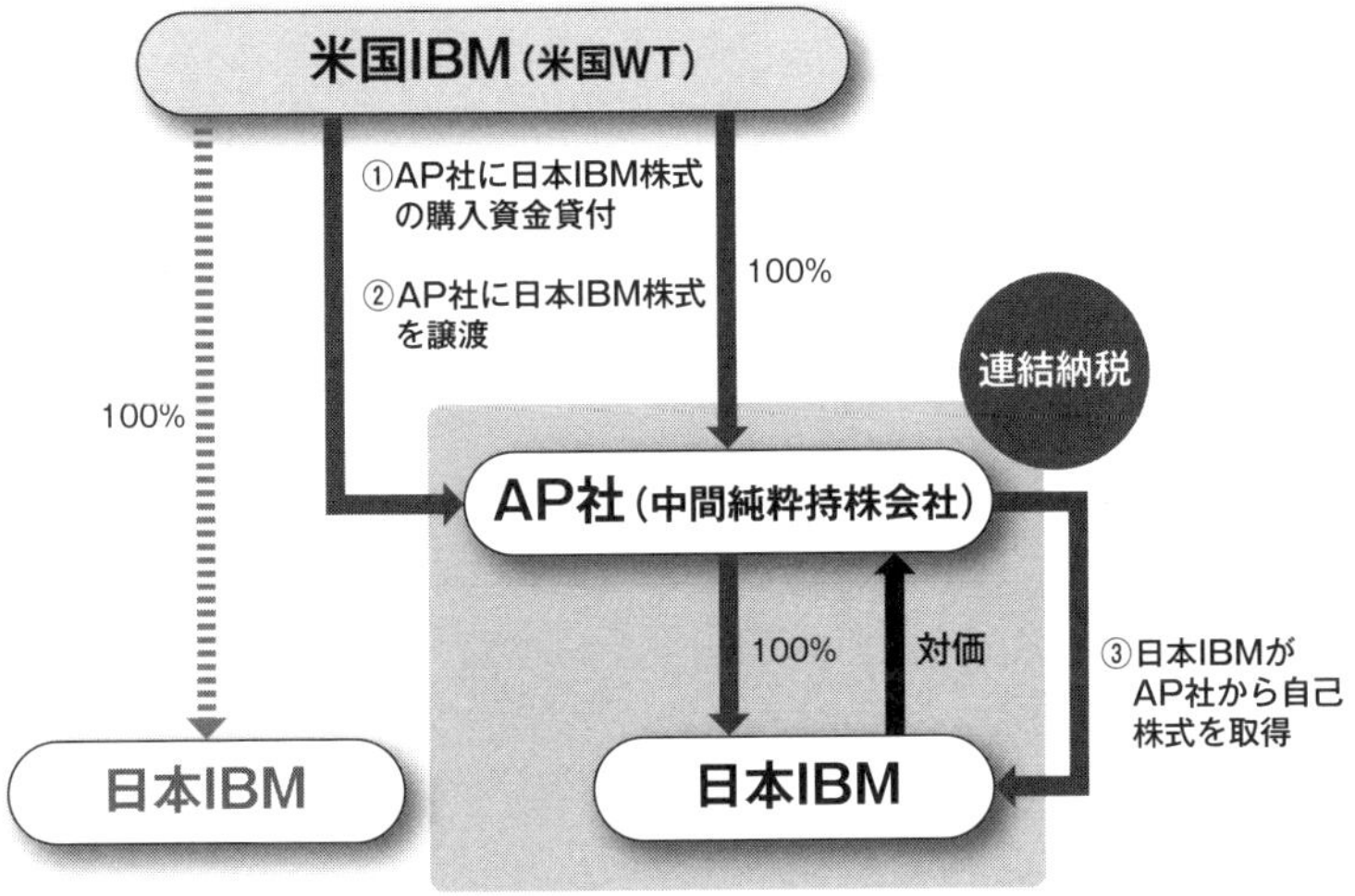

時系列	AP社における税務仕訳	補足説明
①米国IBMは、AP社に日本IBM株式の購入資金を貸し付ける。	Cash 1,365億円 ／ 短期借入金 1,365億円	
②米国IBMは、AP社に日本IBM株式を譲渡する。	子会社株式 1兆9,500億円 ／ Cash 1,365億円 未払金 1兆8,135億円	
③日本IBMがAP社から自己株式を取得	Cash 4,300億円 ／子会社株式 4,300億円 譲渡損 4,000億円 ／ 受取配当金 4,000億円	会計上の仕訳は、Cash 4,300億円 ／ 子会社株式 4,300億円 となる。

た判決ではこれに反して、持株会社として租税回避以外に正当な理由ないし事業目的がないとまでは言い切れないとしてＩＢＭ側の勝訴となったわけです。

　ちなみに、この事例は実は実務界に大きな傷跡を残したものでした。というのも、高裁における判決文で、伝家の宝刀といわれた法人税法１３２条の意義について〝正当な理由ないし事業目的〟があったとしても租税回避として否認される余地があるとして従来の学説をひっくり返してしまったためです（※9）。要するに、これは課税当局の側に「経済合理性があったとしても、租税回避に該当する」という強力な否認の武器を与えてしまったともいえるものでした（※10）。

の、〝正当な理由ないし事業目的〟があるだけでは必ずしも否認を回避できることにはならないとして、高裁は一般論としての１３２条の解釈を判示したということです。

（※10）本書執筆中に飛び込んできた事案では、逆に従来の学説以上に企業側が有利となる判決がありました。大手レコード会社のユニバーサルミュージック合同会社の税務処理を巡り、東京国税局が法人税法１３２条の規定を適用したものの、ユニバーサル社はそれを不服として争ったという事案で、２０１９年6月末に東京地裁の判決が下されたのですが、そこで地裁は132条の射程範囲として「法人税の負担が減少するという利益しかない場合に同規定が適用される」などとして、１３２条の解釈を非常に限定的なものと判示しております。

補足

今の堀江氏の活躍を見てもわかる通り、とても頭脳明晰な方です。ニッポン放送の株を買い集めてフジテレビに影響力を行使しようとすることや、大幅な株式分割による株価操縦など、誰もが思いもつかないような制度の間隙を突くような人が、この取引が資本取引になることくらい知っていたに違いないという検察側の判断があったのかもしれません。

ＩＢＭの「粉飾」スキームについていえば、実はそれ以前に多くの実務書にも取り上げられていたほど有名な手口でありました。ただ、それをここまで大胆に実行してしまうのはさすが外資だというのと同時に、この事例は欠損金について無から有を作出するという意味では、個人的には悪質性の高いもの（いわゆる積極的脱税）だと思うのですが、ＩＢＭが勝訴してしまうというところに何か腑に落ちないものを感じます。

6、のれんマジック

過去の粉飾を解消するために、のれん（P84参照）が用いられたというちょっと変わった事例を紹介します。内視鏡メーカーで世界トップを走るオリンパスの有名な「粉飾」事例です。オリンパスはバブル期に行っていた財テクの失敗で、約960億円もの投資の含み損を抱えることになってしまったのですが、これを簿外に飛ばしたのが2000年のあたりです。

その後さらに損失が拡大して最終的に含み損が1350億円にまで膨れ上がったわけですが、この膨れ上がった含み損がなぜかオリンパスの決算書におけるのれん勘定に振り替わっているというマジシャン顔負けの「粉飾」を演出しました。

概要を掻い摘んで説明します。まず、2001年3月から金融商品に係る会計基準が適用されるということでいわゆる時価会計が導入されることとなりました。その場合、含み損がある資産を取得原価のまま計上しておくことができなくなるため、その含み損のある資産の受け皿となるファンドをケイマン諸島などのタックスヘイブン国に設立しました（※1）。

図25を見てください。オリンパスが一旦その受け皿ファンドにお金を貸し付けたのち、受け皿ファンドが含み損のある資産をオリンパスから買い取るという形ですと、いずれはその受け皿ファンドに対する貸付金の評価の問題になることは明らかです。ですので、①外国の銀行に対して自社の預金を担保に差し入れて、②受け皿ファンドがその銀行から融資を受けたうえで③そのお金を買い取り原資とするというスキームをとりました（※2）。

ただ、このような状態を続けていてもいずれはどこかのタイミングで解消する必要があるわけです。そこで、このような簿外の含み損を解消する方法としてオリンパスが考えたのが、1、ファンドがどこからか安い価格で購入してきたベンチャー企業の株式をオリンパスが高額で買い取ることで、そのファンドに多額の利益を落とし、それを損失の穴埋めに使うという方法、そして2、大型のM&Aにかこつけて高額の手数料を支払い、それを損失の穴埋めに使うという2つの方法でした。

（※1）その受け皿ファンドは連結対象外とします。

（※2）また、GCNVVという投資ファンドに出資をし、そこから受け皿ファンドを経由して含み損のある資産の買い取りにあたるというスキームも用いています。ちなみに、ファンドによる買い取りはもちろん簿価での買い取りです。

図 25　オリンパス事件の概念図と仕訳例

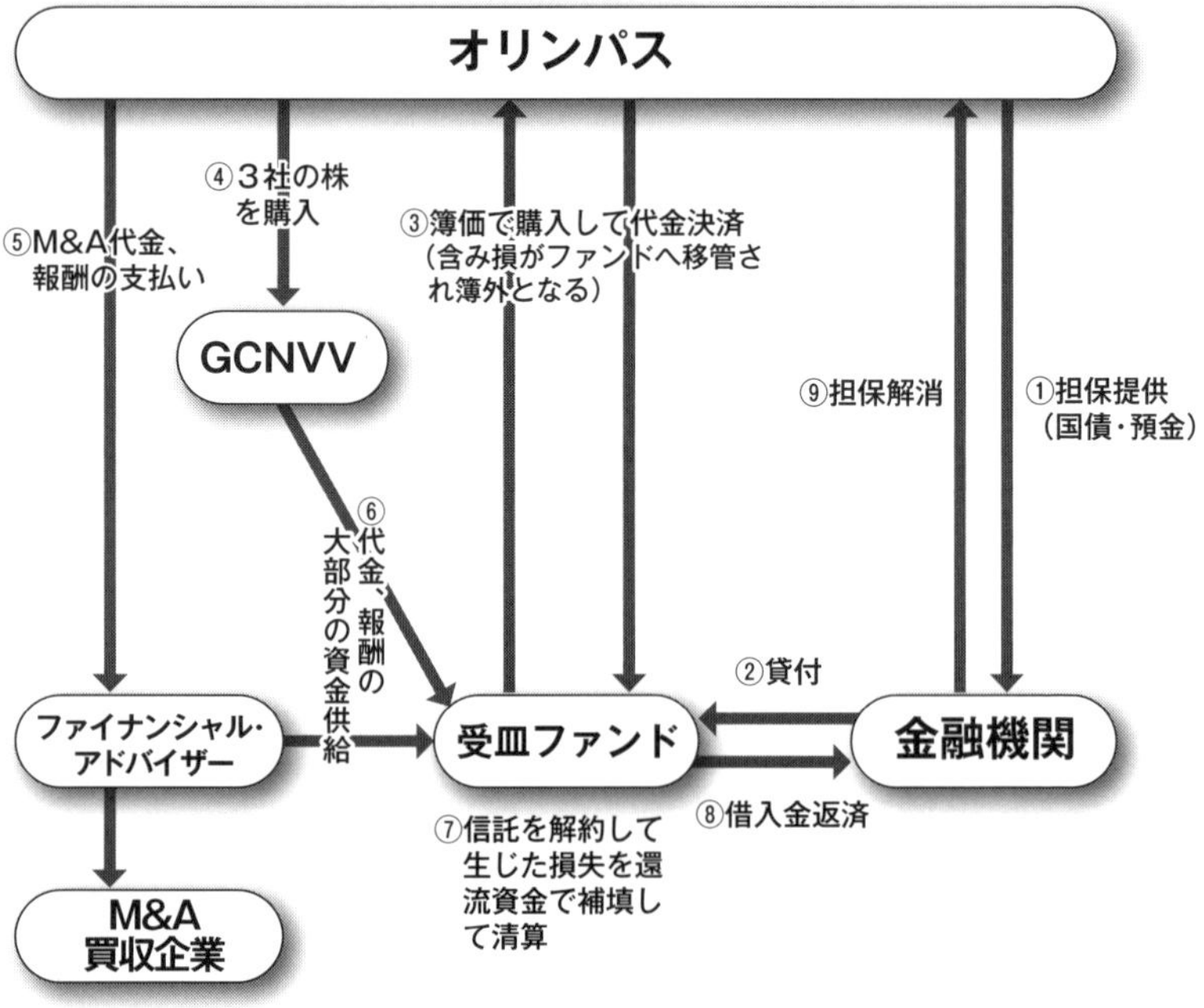

時系列	オリンパスにおける仕訳	補足説明
①オリンパスは、海外の銀行に対して預金の担保提供をする。		有価証券報告書に担保提供のことについては載せていません。というのも、監査法人からの残高確認において担保提供の事実はないとの回答を、オリンパスから海外の銀行に依頼していたことが明らかになっています。
②銀行は受け皿ファンドに貸し付けをする。		
③受け皿ファンドはオリンパスから含み損のある資産（特定金銭信託）を簿価で購入する。	現預金 960億円 ／ 投資有価証券 960億円	なお、オリンパスは受け皿ファンドを連結対象とならないように組成します。
④【1の方法】GCNVVという投資ファンドから国内ベンチャー企業3社の株式を購入する。	資産　105億円 ／ 投資有価証券 786億円 のれん 681億円 ／	
⑤【2の方法】ジャイラスの買収のFA報酬として、最終的には総額658億円を支払う。	■FAの成功報酬及びワラントの買取 のれん 74億円 ／ Cash 74億円 ■株式オプションの対価として配当優先株を付与 のれん 172億円 ／ 長期負債 172億円 ■配当優先株の買取 長期負債　172億円 ／ 資本剰余金 172億円 資本剰余金 172億円 ／ Cash 584億円 のれん　412億円 ／	当初は、配当優先株の買取は以下の仕訳と考えられていました。 長期負債 172億円 ／ Cash 584億円 負債償還損 412億円 ／
⑥のれんとして計上された代金はGCNVVやFAを経由して受け皿ファンドに還流する。		GCNVVについて、多額の欠損金があるため税務上のキャピタルゲインが生じていても税金は発生しなくて済んでいます。
⑦受け皿ファンドは、信託を解約して生じた損失を還流資金で補填して清算する。		
⑧受け皿ファンドは②の借入金の返済する。		
⑨①の担保提供の解消する。		

①～③で飛ばしの完成。その後、数年経過した後、
④～⑨にて簿外損失の会計上の穴埋めスキームが完成

1の方法では、GCNVVという投資ファンドが国内ベンチャー企業3社を発掘してきたので、一旦は含み損の受け皿ファンドに3社の増資を引き受けさせたうえで、④オリンパスはGCNVV経由で受け皿ファンドから786億円もの価格で3社の株式を買い取っています（※3）。

2の方法では、ちょうどタイミングよく英国の医療機器メーカーであるジャイラスの買収（本体価額で約2063億円）に成功していたので、⑤そこでファイナンシャル・アドバイザー（FA）に対して成功報酬としての1200万ドル（約14億円）とジャイラスの株式オプション及びワラントを付与することとしました。のちに、ワラントは現金60億円で買い取り、株式オプションについてはその対価として配当優先株を付与することとしました。

なお、当初オリンパスは上記ジャイラスの配当優先株を1億7700万ドルと評価し、連結決算上は一旦負債として計上されることになりました（※4）。そしてその後、1350億円にまで膨らんだ含み損の穴埋めのためにはより多額の資金を受け皿ファンドに流す必要もあって、この配当優先株の価格を意図的に

（※3）ちなみに、その際ののれんは681億円計上されましたが、1～2年後に570億円の減損処理を行っています。

（※4）実質はあくまでFA報酬なので、その際の負債の相手勘定科目はのれんです（**図25**仕訳例⑤参照）。

6億2000万ドルにまで吊り上げました。

そこでまた一つ問題が発生します。それは、一旦は当該配当優先株を（英国会計基準に従った結果）負債として計上したのはいいのですが（仕訳例⑤参照）、その場合本来的にはその負債1億7700万ドルと配当優先株を買い取る際の支払代金6億2000万ドルの差額は負債償還損として計上されてしまうことになります。

オリンパスとしては最悪それでもよかったのでしょうが、やはり一時の多額な損失というのは決算書上見栄えが良くないということになり、そこで考えました。配当優先株を負債ではなく資本として処理することができれば、その差額を償還損ではなくのれんとして計上でき、その場合はのれんを将来にわたって費用化していくことになるので一時の多額な損失は避けられそうだと。

そうこうしている間にオリンパスを担当している監査法人があずさから新日本に代わることとなりました。新日本からはこの負債を資本に振り替えたうえで、差額をのれんとして会計処理することに対して特に問題なしとの回答をもらっていたため、オリンパスは当該処理を行うこととなりました。そのようにして、配当優先株の買い取りに伴って、差額412億円が負債償還損ではなくのれんとして計上されることとなったのであります。

以上より、2の取引では、ジャイラス本体の買収に伴う（純粋な超過収益力としての）のれんが1492億円発生し、またFA報酬については上記の配当優先株の412億円を含めた総額658億円となり、この多額の付随コストについても全てのれんとして計上されることとなりました（※5）。

⑥これで一旦は受け皿ファンドに必要な穴埋め資金が流されたことで、含み損はすべて会計上ののれんという勘定科目に形を変えることになりました。ただ、のれん自体そもそも資金的裏付けがあるわけでもない、ある種の擬制資産であるといえます。簿外の含み損に対してののれんを充て込み、実際のところ当初は発覚を逃れることができていたわけですから、のれんは「粉飾」における最適な隠れ蓑となる勘定科目だといえましょう。

（※5）なお、実際にはあずさ監査法人はFA報酬が高すぎるということで155億円を前期損益修正損として計上せざるを得なくなったため、結果的に503億円が計上されることとなっています。

そして、会計上ののれんについては一定の年数で償却していくわけですが、いずれどこかの時点でのれんを償却（あるいは減損）し切ることが確実ですから、その段階で初めて財テクの含み損における会計上の処理が完了し、全てが闇の中に消えるはずでありました。

ただ、オリンパスにとって不幸なのは、このように過去の「粉飾」を整理する会計上の仕組みが整うや否や、たまたま外人の社長を採用したために「粉飾」が明るみに出てしまったということです。この事件は、２０１１年に就任したウッドフォード社長が、これまでのオリンパスの行った異常なＭ＆Ａを糾弾し、結局それが原因で辞任に追い込まれることとなります。その後、言うに事欠いて、オリンパスの過去の取引の異常さをメディアに公表したことで、うまくいきかけた「粉飾」スキームがすべて明るみになってしまったというわけです。

＊

では、次にのれんを「脱税」事例から見ていきたいと思います。ちなみに、税務上ののれん（※6）というのは償却費が損金となりますので（※7）、当然それを償却することで税金を圧縮するということは可能です。ここでは、最高裁まで争われたヤフーの有名事例を取り上げます（※8）。この事例は会社分割という組織再編手法を用いて作出されたのれんの計上の可否が争われたというものです。

簡潔にいいますと、ネット検索大手のヤフーがデータセンター事業をソフトバンクから買収するというシンプルな取引なのにもかかわらず、会社分割やら合併やらの組織再編行為を用いて複雑に〝切った貼った〟を行った結果として、それが一連の租税回避行為とみなされることとなったというものです。租税を回避するために組織再編を行ったのか、それとも必要な組織再編を行った結果として租税を回避することとなったのか、というところがこの訴訟における争点となりました。

時系列で整理しておきますと（**図26**参照）、まず親会社であるソフトバンクからみてＩＤＣＳという１００％子会社と42％の株式を有するヤフーが子会社とし

（※6）税務上ののれんのことを「資産調整勘定」といいますが、ここでは「のれん」で統一します。

（※7）連結財務諸表において計上されるのれんは、連結仕訳によって初めて計上されるのれんであって、その償却も連結仕訳にて行われるのであるため、税務上の損金にはならないものです。ここでは個別の決算書において計上される税務上ののれんのことですので、混同しないようにご留意ください。

（※8）いわゆるＩＤＣＦ事件とよばれるものです。ちなみにヤフーで同時期に税務訴訟になったもので、このＩＤＣＦ事件とは別にもう一つ大きな事件があります。組織再編を用いた繰越欠損金の引継ぎの否認事例として、いわゆるヤフー事件とよばれるものです。

図26 IDCF事件の概念図と仕訳例

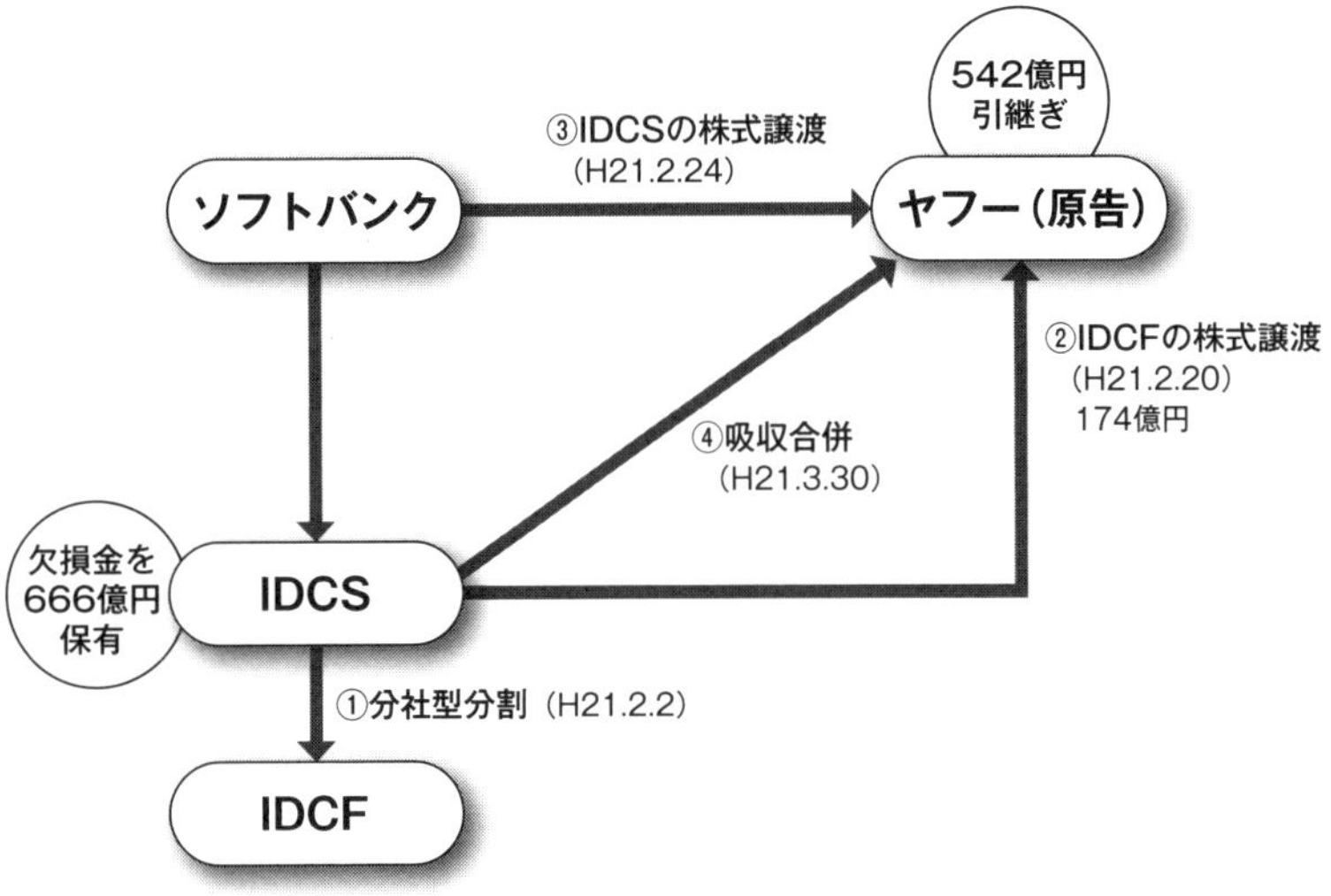

時系列	IDCFにおける仕訳	補足説明
①IDCSが分社型分割によってIDCFを新規に設立した。		これによってIDCFはIDCSの100%子会社となりました。
①-2　IDCFは分社化の対価として、IDCFの株式がIDCSに交付されるのだが、その株式の価値は115億円と評価される。この分社化によって移転した資産及び負債の時価純資産価額15億円との差額がのれんとして計上された。	資産　15億円／資本金 115億円 のれん 100億円／	株式の価値115億円については、外部の専門家に客観的に評価をしてもらったものです。 また分割時点でIDCSにおいて分割益（譲渡益）が約100億円発生しますが、すでに保有している繰越欠損金と相殺することで税金は発生しません。
①-3　IDCFはその後の事業年度でのれんを償却し、損金の額に算入した。	のれん償却 20億円 ／ のれん 20億円	その耐用年数は5年であり、毎年均等償却が予定されています。
②IDCSはヤフーに対してIDCF株式を譲渡する。		②～④についてはここでの本旨とは無関係ですが、そもそも②の取引が①の分割の時点で予定されていたため、この会社分割は非適格に該当することになりました。 ちなみに、いわゆるヤフー事件では、④の吸収合併によって542億円もの繰越欠損金を取り込むこととなったことが問題視されたものであります。
③ソフトバンクはヤフーに対してIDCS株式を譲渡する。		
④ヤフーは100%子会社であるIDCSを吸収合併する。		

てありました。ちなみに、ＩＤＣＳは６６６億円もの欠損金を有する法人でした。そこで、①ＩＤＣＳがＩＤＣＦ（データセンター事業の営業部門）を会社分割によって１００％子会社化した後、②ＩＤＣＳがＩＤＣＦ株式をヤフーに譲渡したためＩＤＣＦはヤフーの１００％子会社となりました。さらにその後に③ソフトバンクがＩＤＣＳの株式をヤフーに譲渡した後、④ヤフーがＩＤＣＳを吸収合併したというのが一連の組織再編行為になります。

では、この一連の行為のどこに租税回避があったのかといいますと、ＩＤＣＳがＩＤＣＦを会社分割によって分社化する際に、その会社分割を〝非適格〟としたというところがポイントになります（※９）。というのも、非適格分割に該当しなければＩＤＣＦにおいてのれんを計上することはできなかったためです。ちなみに、なぜ非適格となったかというとこの会社分割の時点でＩＤＣＦ株のヤフーへの譲渡が見込まれていたためです（※10）。

これらの組織再編行為については、約２か月の期間で全て行われているものですから、その意味では、やはり一連の行為と考えて間違いはなさそうです。例え

（※９）細かい話は割愛しますが、税務上、組織再編には〝適格〟と〝非適格〟というのがあって、〝適格〟に該当すると簿価での譲渡、〝非適格〟に該当すると時価での譲渡とみなされます。時価評価ということですから、ＩＤＣＦの有する１００億円ののれんが非適格分割時に認識されるというイメージです。（仕訳例①－２参照）

（※10）〝適格〟に該当するためにはいくつかの要件があって、そのうちの一つの要件である「株式継続保有要件」（分社化の時においてＩＤＣＳがＩＤＣＦ株式を継続して保有するという意図があること）を満たさないため、〝非適格〟となったということです。

ばソフトバンクがヤフーにＩＤＣＳ株式を譲渡し、ヤフーはＩＤＣＳを吸収合併した後に、合併後のヤフーが（もともとＩＤＣＳが有していた）データセンター事業の営業部門を会社分割で子会社化するという流れ（出来上がりの資本関係は同じですが、のれんは計上されません）の方が、自然な手順であると考えられたわけです。

要するに、のれんを作出するために、意図的にこの順番で組織再編を行ったとみなされて、当該行為が否認されたというわけです。そして、これは法人税法132条の2のいわゆる組織再編成に係る行為計算否認規定という伝家の宝刀が最初に抜かれた画期的な事例として後世に名を残すこととなりました。

補足

のれんは、もともとフワッとした拠り所（資産性）のないものなので、監査法人による会計監査においても（実査や確認という手続きによって）その実在性の確認などをされることはありません。監査上で俎上にのぼるのは単に減損の要否の検討のみですので、決算書を「粉飾」するに際して最強アイテムとなり得るものといえます。

このＩＤＣＦ事件は税務上ののれんを媒介とした欠損金の法人間移転を意図したものになります。例えば、繰越欠損金を多額に有する会社で、その会社の中にＭ＆Ａの対象となりそうなイケてる事業がある場合などは、この事例と同じ効果を得ることは可能です。租税回避を目的としない限り、Ｍ＆Ａにおけるテクニカルな手法として周知されているところであります。

第5章

「粉飾」と「脱税」を抑制するには

1、会社を4つに分類する

「粉飾」と「脱税」という二つの全く相反する事象について、会計処理という補助線を引くと実はシンメトリックな概念なのだということを、有名事例を題材として取り上げることで解説してきました。つまり、ある経済取引や事象を会計仕訳（伝票）として起こす際に、そこに「粉飾」のし易さというものを本質的に備えているものが、同時に「脱税」についても容易ならしめています。

例えば、第1章1節で取り上げたいくつかのオーソドックスな手口も然り、また第4章で紹介している工事進行基準や循環取引などについては「粉飾」の温床であるのと同時に「脱税」の巣窟でもあるわけです。

ここで「粉飾」と「脱税」について、具体的な企業名を出してまで書いておきながら、それらを防止する手立ていいますか、何かお前なりの方策はないのかと読者の皆様に糾弾されそうなので、浅学寡聞の身で大変恐縮なのですが、最後につらつらと「粉飾」と「脱税」の抑制策について書いてみたいと思います。

ただ、そもそも私はアカデミックな世界で生きている学者ではないですし、ほぼ毎日クライアント先に足を運ぶというようなストリートファイター的な仕事に従事している身なので、一応自分がこれまで見聞きした様々な事象を頭の中で帰納したうえでプラグマティックな仮説を構築するところまではしますが、これに対して裏付けとなるデータを収集して定量的な統計テストをし、一般性の高い理論にまで昇華させるといった大仰なことは残念ながらできません。あくまでも「自分だったらこう考えます」に止まりになりますので、そのあたりご了承いただければと思います。

米国の組織犯罪研究者であるドナルド・R・クレッシーが提唱した有名なフレームワークである〝不正のトライアングル〟とは、「粉飾」や「脱税」といった不正行為にはそれを実行しようとする者の〝動機〟や〝機会〟、〝正当化〟があって、その3つの要素が出揃った時に初めて実行されるという理論です。この3つのうちの不正を行う〝動機〟を中心として話を展開していくこととします。まず、この話を進めていくにあたっての前提として会社を**図27**のように4分類することとします。

図27 会社の分類

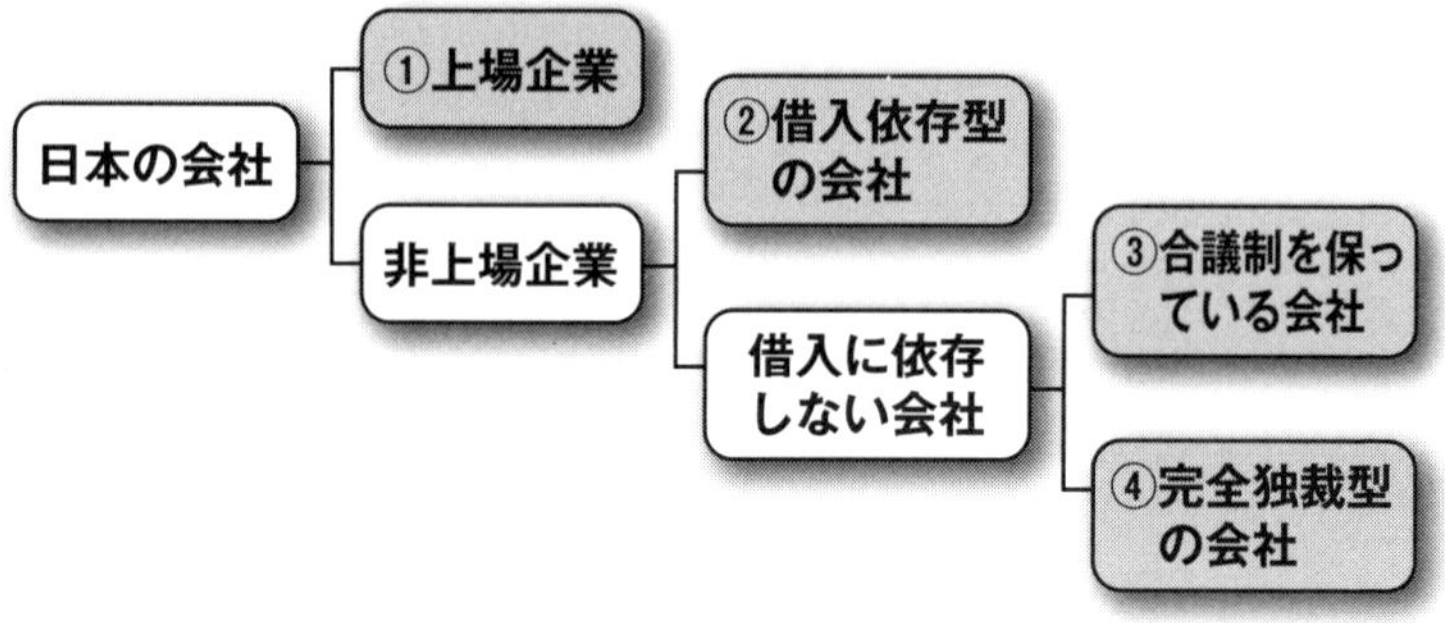

まず、日本の会社を大きく約３６００社あるといわれる上場会社と約２５０万社あるといわれる非上場会社に分けたうえで、非上場会社のうち借入に依存している会社とそうでない会社とに分けます。ここでいう借入依存型というのは、今ある借入金の半分程度を引き揚げられてしまったら運転資金が枯渇して資金ショートしてしまうというくらいのイメージで考えていただければよいです。

そして、さらに上記における〝借入に依存していない会社〟を、同族以外の役員が複数いることで合議制の体裁を保っているような会社と、同族株主の一人（主に筆頭株主）が経営者となるような完全独裁型の会社（またはそれに近い形をとる会社）とに分けます。ここで〝完全独裁〟といっているのは、他の株主や役員など誰からも異を唱えられることがない立場に現にいる者を意味しており、決して経営者の性格がヒトラーやスターリンと似通っているという意味ではありません。

ちなみに、非上場会社においてはその大部分に株式譲渡制限が付されていますが、歴史のある会社ほど、相続が何代かに渡って行われたり、また昔の会社は発起人が最低7名必要で、しかも各発起人が最低1株は引き受ける必要があったためなど、現在でもかなり株式が分散してしまっている会社が散見されるところです。

ただ、非上場会社の場合は悲しいかな株主がガバナンスを発揮する場というのは上場会社に比して多くはないですし、実効性も乏しいと言わざるを得ません。よって、株主構成云々はここでは度外視します。非上場会社において株式が分散していようがいまいが、役員に同族以外の者が加わっていて、そこで実質的に合議体として機能しているか否かのみが③と④とを分けるポイントであると考えていただければと思います。

2、動機の強弱ツーバイフォー

次に、①から④までの会社について、「粉飾」と「脱税」それぞれの動機・誘因について考えていきたいと思います。4×2の8通りで動機の強弱をつけてみると、**図28**のようになるのではないかというのが筆者の見立てであります。

2-1、①上場会社と④完全独裁型の会社のコントラスト

最初に、①上場会社と④完全独裁型の会社を取り上げ、この両社を対比することで特徴を捉えていきます。まずは「脱税」における動機・誘因についてですが、よくこの手の話をする際に、社会的責任論的な文脈から〝経営者は襟を正せ！〟となるか、もしくは納税は国民の義務であるからと諦めの境地を持ち出し〝経営者は悟りを開け！〟といった結論になるかのどちらかです。

ただ、このような青臭さの残る説教じみた言葉というのは何ら解決策とはなっておらず、それよりも「脱税」を誘発してしまう経営者の深層心理を考えたうえで、どのような打開策

図28 動機の強弱

	動機・誘因 「粉飾」	動機・誘因 「脱税」
①上場企業	強 a	弱
②借入依存型の会社	強 b	強 c
③合議を保っている会社	弱	弱
④完全独裁型の会社	弱	強 d

※強となっているところは便宜的にa～dとしております。
P224の**図30**にて動機・誘因の性質とその対策を明示しております。

があるかを検討した方がよほど有意義であるし、またおそらくであるが徴税率や徴税額も現状よりはアップするかと思います。

実は、「脱税」に駆られる最も多いシチュエーションというのは、経営者のポケットと会社のポケットが一緒という状態の時なのであります。そもそも「脱税」は〝私腹を肥やす〟という言葉と非常に親和性が高いように、税を逃れた結果として自らが潤うという状態があって初めて「脱税」の動機・誘因が発生することになるのです。

ことほど左様に、税を逃れた結果と

して税引後利益が増えるだけで、基本的には自らの財布が潤うことはない①上場会社の決算においては、そもそも「脱税」の動機・誘因は弱いと考えます。逆に、④完全独裁型の会社については会社の預金通帳イコール俺（経営者）のもの状態ですから、「脱税」の動機・誘因は強いということになります。

上場会社というのは、基本的には利益至上主義でやっているものの、上場会社の経営者や株主は、税金というものを利益が生じた結果と考えるので（税金は〝コスト〟ではなくあくまで〝結果〟と捉えるのです）、「脱税」の動機・誘因は弱いわけですが、その反面「粉飾」の動機・誘因は強いといえます。

上場会社における「粉飾」の誘因や動機を改めて考えると、結局のところは経営者個人の資質に帰着することとなります。例えば、〝高株価の維持〟（P55参照）ということでいっても結局は経営者の見栄やプライドで説明できてしまいますし、業績悪化に対する親会社などの株主からのプレッシャーに対しては、やはり経営者の責任回避的な資質が「粉飾」へと駆り立てるのです。

また、それ以外にも上場廃止を回避するためという動機もありますが、上場維持のためには増資等の手段もあり、例えば業績が悪化して債務超過となりそうなど上場廃止の兆候がでてきてしまったといったあまり多くはないであろうシチュエーションにおいて頭を擡げてくる動機であります。ただ、その反面上場維持は経営者の至上命題でもあるため、そうなった場合の動機としてはかなり強力なものともいえそうです。

あと、もう一点挙げます。上場会社のおよそ4割強が導入しているという株式報酬制度（役員に対する報酬を自社の株式で渡すという制度です）については、より「粉飾」の動機・誘因をより高めることになるのは論を俟ちません。先ほどの〝私腹を肥やす〟の話ではないですが、自社の株価の変動が自分の身入りに直結することになるためです。

そういった意味では、株式報酬制度は諸刃の剣なのであります。すなわち、経営者層はより一層株価を意識した経営をするようになりますし、また企業価値を向上するためにより一層尽力することが期待されることとなるため、もちろんそれは制度の趣旨でもありますし好ましいことなのですが、その反面「粉飾」への誘因ともなるということなのです。

再度④完全独裁型の会社の話に戻りますが、このタイプの会社は「脱税」誘因が強い反面、「粉飾」誘因はほぼないといってもよいです。特に決算書を誰に見せるわけでもないので、仮に最終損益が真っ赤っ赤であっても痛くも痒くもない。青色申告で欠損金が繰り越せるのであれば、将来的にでっかい仕事が入って大きな利益が計上されても利益を〝消せる〟のだから、赤字は大きければ大きいに越したことはないとさえ考えています。債務超過になったり連続赤字になっても市場からの退出を迫られることもなければ、借り入れに依存していないので仮に融資を引き揚げられても何ら影響がないのがこのカテゴリーの会社なのです。

以上、①と④は動機・誘因という切り口で「粉飾」「脱税」をみると見事なコントラストをなしているわけですが、一点だけ補足します。最初に④完全独裁型の会社は経営者と会社の財布が実質一体であるということを述べましたが、それがまさに「脱税」の〝動機〟であり〝機会〟でもあります。そして、このタイプの会社というのは経営者が自ら営業マンとなって顧客と接点を持ち、直接お金がチャリーンと入ってきたところで、会社の預金通帳を見てひとりニコニコしているような会社が大多数です。

要するに、この預金通帳の残高というのは経営者が自ら汗水流して稼いだお金であって、またこのお金の背後にはきちんと顧客の顔も見えていたりするわけです。自分が稼いだお金が給料とは別に4割も税金で持っていかれるのはたまらないと考えても、それは普通の感覚からしてもおかしいことではありません。その点こそが、汗水流していないとはいいませんが、顧客と直接接点を持つわけでもない上場会社（特に大企業）の経営者との立場や感覚の違いであり、これは不正のトライアングルでいうところの〝正当化〟ともつながることだと考えています。

このように、①と④というのは、規模の大小の違いはあれど同じ株式会社であります。ただ、そもそも両社の有する目的関数や制約条件が異なるため、動機・誘因の観点からみた「粉飾」と「脱税」に関してはそれぞれ正反対のところにポジショニングされるということが朧気ながらに確認できました。そこで、次に②借入依存型の会社についてその特徴をみていきたいと思います。

2-2、②借入依存型の会社は「粉飾」と「脱税」がトレードオフ

②借入依存型の会社における「粉飾」の動機は〝強〟のなかでも最強レベルであります。まず、非上場ということで会計監査が入るわけではないので、何ら躊躇することなく「粉飾」を実行できるという土壌が出来上がってしまっています。まれに、銀行や保証協会が証憑類を開示してくれと要求してくることもありますが、それは会計監査で要求されるレベルとは段違いです。

また、このようにチェック機能が働かないならまだしも、第2章でも見てきたように、「粉飾」に関しては経営者が銀行員と共犯者となってしまっているという現実もあります。「じゃあ社長、今期の利益はこのくらいで!」なんていう銀行員の発言の真意はさておき、もしかすると呼吸をするくらいの感覚で「粉飾」に手を染めているのかもしれません。

ところで、〝自己査定〟という言葉を聞いたことがあるでしょうか。自己査定とは、銀行が融資先に対する貸付金を、銀行員自らが査定して、一定の分類をし、その結果に応じて貸倒引当金を計上することをいいます。一定の分類というのは、融資先を「正常先」「要注意先」

「要管理先」「破綻懸念先」「実質破綻先」「破綻先」に分類することで、例えば「要注意先」だったら5％程度、「要管理先」で60％程度、「破綻懸念先」で75％程度を引き当てるといった具合になります。

第4章の長銀の事例でもみたように、簡単にいうと融資先の会社の決算内容が悪いと銀行が有している貸付金に対して引当金を計上しなければならなくなり、そうすると今度は銀行の決算状況が悪くなってしまうので、すべからく銀行もそれは避けたいと考えるわけです。このように、銀行側も貸付金が回収できなくなるといったリスクだけでなく、自社の決算状況を悪くしたくないという点からも融資先の「粉飾」を間接的にエンカレッジしてしまう立場にあります。

では、②借入依存型の会社においても①上場会社と同様に「粉飾」の誘因が強い裏返しとして「脱税」への誘因が弱いのかといえば、どうやらそうではないようです。というのも、借入に依存してしまっている会社というのはそもそもCａｓｈが自社の生命線なので、税金でCａｓｈ ｏｕｔをすることに対しては異様なまでに否定的なのです。

「脱税」に手を染めてしまう場合の一般的なケースとして、たまたま大きな仕事を受注し、その期に想定よりも多額の利益を計上したといった場合、何とかして利益を圧縮して税金を逃れようという心理が経営者の心の中にインストールされます。もちろん、そこには税金を払うくらいなら少しでも借入元本を減らして楽になりたいという考えが背景にあり、さはさりながら決算書上は銀行への見栄えの問題もあるからいくらかの黒字をキープして多少の納税額で収まればそれでいいと考えます。

ただ、実はここに分類される会社には「脱税」ポケットみたいな、合法的に損出しするような会計上の負の遺産みたいなものも持っていたりするので、例えば架空外注費のような特別な飛び道具（積極的脱税に該当するものです）をわざわざ用いるまでもなく利益圧縮を図ることができてしまったりもします。

要するに、過去にさんざっぱら「粉飾」を決算書上のどこかしこにしていたりするわけです。棚卸資産の過大計上やすでに破産して消失した得意先の債権を貸倒処理せずそのまま簿価計上していたり、除却した固定資産をそのまま計上していたりといったものを、私はあえて「脱税」ポケットと表現したわけで、ある種のメタファーです。

ちなみに、勘違いされたら困るので、「粉飾」に対する税法上の正しいルールを少し解説することとします。税法上は、「粉飾」のことを「仮装経理」を呼ぶのですが、課税当局の側からすると実際よりも利益が多く計上され、その結果税金を多く徴収できているわけですから、わざわざ税務調査において「粉飾」であることを発見した場合、税金を多く徴収しているという理由で還付する(これを「減額更正」といいます)というようなことは行いません。

昔、取引先や下請け先等の連鎖倒産もあり大きな社会問題になったことがありましたが、以前の税法のルールでは会社は過去に多く税金を払いすぎていたということで、直ちに法人税額に還付加算金という利子まで付けて返金していたのであります。しかし、このようなルールはよくよく考えてみると、「粉飾」について寛容すぎて、それはそれでよろしくないと考えられたために後述する現行の規定になったわけです。

具体的に今の税法上のルールはどうなっているかというと、まず仮装経理をしてから5年以内だと更正の請求をすることができます。更正の請求というのは、納めた税金が多すぎた場合に税務署に対して税金の還付請求をすることです。例えば、計算ミスなどによって実際より払いすぎていた分に関しては、更正の請求によって直ちに還付されることになります。

しかし、「粉飾」の場合は少し違っていて、図29を見ていただきたいのですが、まず（×Ⅱ期）において「粉飾」を修正する経理をし、その決算に基づく申告書を提出するまでは減額更正ができないこととなります。そして翌期（×Ⅲ期）に減額更正されても直ちに法人税が全額還付されるわけではなく、（×Ⅱ期）において納付した法人税が（×Ⅲ期）において還付されることとなります。

そして、還付しきれなかった納めすぎた税額についてはその後の5年間にわたり控除することとなります。さらに、5年経過後においてそれでも控除しきれなかった税額がある場合には、残額が還付されることとなります。要するに、ただじゃ返さんぞということですから、その意味では「粉飾」を抑制しているといえそうです。

閑話休題。「今期の利益はこのくらいでお願いします」などと、ある意味では銀行員に首根っこを掴まれちゃっているような会社の場合は、それこそ最終利益は銀行員の言う数字にしなければなりません。その場合、実際の経常損益が予定調和の黒字額より下回れば「粉飾」の誘因が、上振れれば「脱税」の誘因が働くという、ある種のトレードオフ関係になるのです。以上が②借入依存型の会社の特徴になります。

図29 減額更生から還付までの流れ

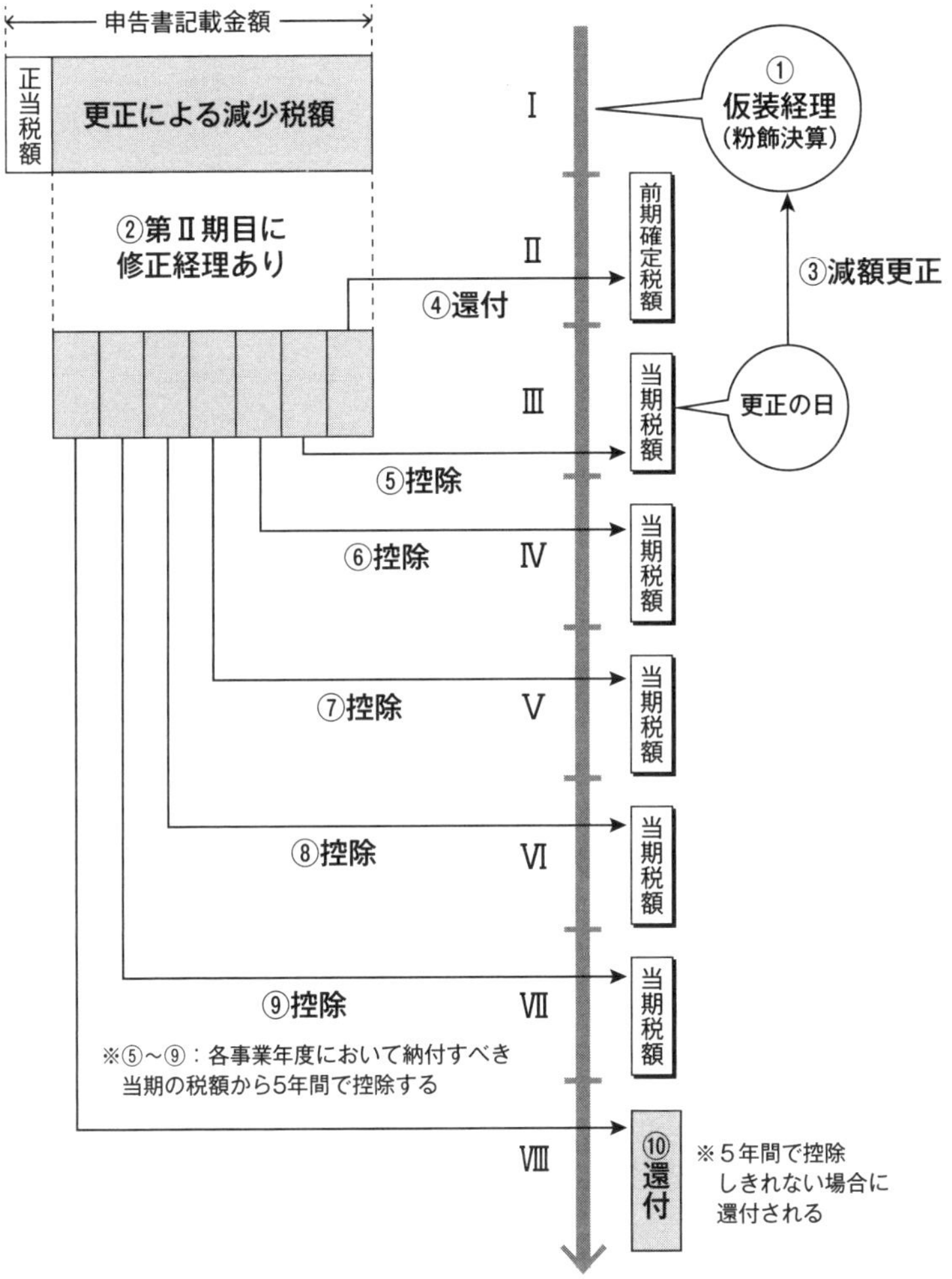

2-3、③合議制を保っている会社はガバナンスが効いている

最後に③同族以外の役員が複数いることで合議制の体裁を保っているような会社についてですが、「粉飾」「脱税」ともに誘因・動機は弱いと考えます。その理由は、同族以外の役員を選任しているということ自体がそれなりにガバナンスが効いている状態であるということと、そもそもの話でいえば、経営者が完全に会社を私物化しようとは考えていないのが、得てしてこのような役員構成になるのです。

まず、「粉飾」の動機が弱いということについては、④の会社と同様で、どこかに提出するわけでもない決算書においてお化粧をしてよく見せようと考える必要性がないということで説明がつきます。問題は「脱税」の方なのですが、意外と同族外役員がいるということは「脱税」を抑制するようなガバナンスが働くこととなります。

それはなぜかというと、「脱税」というのは最後は個人の利益に帰着するわけで、同族会社であれば同族株主である経営者だけが得をするという状況なわけです。そのなかで、果たして経営者が他の同族以外の役員に同意を求めることまではしないまでも、薄々感づかれて

まで「脱税」を行うかといえば、そこまではやらないのであります。（もちろん、登記に名前があるだけの〝名ばかり同族外役員〟しかいない会社は論外です。）

その根幹にあるのは文化人類学者であるR・ベネディクトが『菊と刀』の中で日本人の特徴を一言で喝破した〝恥の文化〟ではないでしょうか。「脱税」には「粉飾」と異なり「会社のため」とか「従業員を路頭に迷わすわけにはいかない」といった堂々と実行できるような大義名分などなく、単に私腹を肥やすためだけのものである以上、そのようなセコいことはできないという恥じらいこそが「脱税」を抑止しているのです。（その意味では、不正のトライアングルでいうところの〝動機〟の問題というよりは〝機会〟や〝正当化〟の問題であるのかもしれません。）

合議制の会社の話がでてきたところで、最後に一点補足しておくと、仮に②借入依存型の会社のなかで（取締役会設置会社など）合議制の会社とそうでない会社とで「粉飾」の動機の点から比較すると、実は合議制の会社の方が強いのではと感じます。これは、「会社のため」というワンフレーズ型大義名分を大上段に掲げ、組織が合議体であることを奇貨として「粉飾」により一層のドライブをかけてしまうためであります。

例えば、会計にあまり精通しない経営者が経理部の一従業員に「あといくらの利益を捻出せよ」と命ずるよりも、取締役財務部長が誰にも頼まれていないのに、自ら真面目に「粉飾」に加担する方が〝筋のいい〟「粉飾」ができ上がるわけです。そして、これは第4章の東芝の例でみたように、ガバナンスが強固であればあるほど「粉飾」を全社一丸となってやってしまうといったものとも相似形なのであります。

3、解決策の提示

ようやく次は自分なりの解決策（抑制策）の提示をしてみたいと思います。これまで見てきた「粉飾」及び「脱税」の動機・誘因が〝強〟となっている領域については、便宜的にa～dとしました。そのうえで、どのような対策があるのかと考えてみたものが次頁の**図30**になります。

3－1、規制について考える

まず最初にaの上場会社における「粉飾」対策についてですが、第2章の内部統制のところでも触れたように、外部監査や社外役員といった外からの牽制圧については一定の限界があり、最終的には会社内部における個々人の誠実さや倫理観といったところに帰着することとなります。外からの規制というのはやはり時間が経過するにつれて形骸化していく宿痾にあると、残念ながらこれまでの規制の構築→粉飾発覚→規制の構築→粉飾発覚という循環の歴史などを見ていると痛切に感じるところです。

図30 解決策

	動機・誘因の性質	対策
a	【粉飾の動機】 ①経営者個人の資質によるもの ②上場廃止を回避するため ③私腹を肥やす	CFOの義務化、立ち位置の明確化、「粉飾」に対する一義的責任
b	【粉飾の動機】 銀行との取引を円滑にするため	対策不要!!
c	【脱税の動機】 Cashの社外流出防止	増収増益促進税制 etc.
d	【脱税の動機】 私腹を肥やす	同上

外部監査人でもある筆者が、ここでいう〝外からの規制〟について少し私見を述べます。公認会計士による会計監査について少し乱暴な言い方をすれば、会計監査で「粉飾」を見抜くというのにはそもそも限界があります。それは、財務諸表監査は〝試査〟（会計上の取引の一部を抽出して調べ、会計処理全体の妥当性を判断すること）を前提としたリスクアプローチ型のものであるとか、第2章でみたような〝会計上の見積り〟というのは唯一絶対の解があるというものではないこと等が、いわゆる監査の限界といわれるものなのです。

クライアント会社から多くの監査報酬を受け取っていながら、「粉飾」決算だからといって「不適正」意見など出せるわけがないというナイーブな結論で〝監査の限界〟を総括してしまうほど簡単なものではありません。ただ、犯罪がなくならないからといって警察がいらないわけではないのと同様に、「粉飾」に対する一定程度の歯止めとか抑止力にはなっているという意味では監査人の意義は十分にあります。

ちなみに、先ほど規制の構築といいましたが、監査人に対する規制という点でいうと「不正リスク対応基準」というのが公表されました。これはオリンパスの「粉飾」事件が社会問題化したのがきっかけとなって日本独自のものとして作成されたのですが、これが公表されるや否や今度は東芝の「粉飾」事件が社会問題化するという何ともシャレにならない、今風の言葉でいえば草生える状態だったのを記憶しています。

この「不正リスク対応基準」についていうと、〝職業的懐疑心の強調〟、〝不正リスクに対応した監査の実施〟、〝不正リスクに対応した監査事務所の品質管理〟の三本立てになっているのですが、一つ目の〝職業的懐疑心の強調〟というのはまさに心の問題を取り上げているのであって、監査人に対しても「粉飾」に対してはゆめゆめ心が揺らいではいけないという戒めの部分が強調されています。

監査実務はもともとリスクアプローチといって、「粉飾」が生じる可能性が高い事項に、重点的に監査の人員や時間を充てることによって、監査を効果的・効率的に実施するという手法はすでに取り入れられておりましたので、この基準が適用されたことによる実務上の大きな変更点はありません。その意味では、屋上屋を架すこととなってはいないかという疑念もなくはないですが。

もう一つの外からの規制であるコーポレートガバナンスコードによる社外役員の義務付けについてですが、そもそもこのガバナンスコードというのは２０１５年６月に金融庁及び東京証券取引所が中心となって取りまとめたというものであって、コードというのは指針のことですからある種のガイドラインや手引きといった程度の位置づけのものになります。ただ、上場会社においてはこのコードを遵守することが求められています。

そして、当該ガバナンスコードの切り札的なものが独立社外取締役2名の選任義務付けというものになります。この社外取締役こそが、企業及び経営陣とは独立の立場にあるということで、より実効性のあるガバナンスの実現に資することとなり、ひいては「粉飾」の抑制についても期待できるのではないかと考えられているところです。

まず、そもそものガバナンスの実効性という点で考えると、ここでの独立社外取締役2名については、結局は従前の外部監査役が社外取締役にそのまま横滑りしているというケースも多く、そのことだけをもってしても若干制度自体に片手落ち感は否めません。そして、このガバナンスが「粉飾」抑制に資するかという観点から見ても、例えば巨額の「粉飾」事例というのは、ほぼ会社ぐるみ、組織ぐるみであるのは自明ですが、やはり社外という立場である以上、内部で処理される「粉飾」に対しては限界があると考えらえます。

3-2、aの抑制策 ―― CFO

前置きが長くなりましたが、aの「粉飾」の抑制策については、私は全上場会社にCFO一名選任義務付けを行ったうえで、ポジショニング（立場）についても今とは異なる役割と責任を担ってもらうのに相応しいものへの変更を提案したいと思います。

まず、現在のCFOについてでありますが、CFO（最高財務責任者）は企業の資金調達・運用といった財務面と経理面の最高責任者をいいます。そのほかにも、CEO（最高経営責任者）やCOO（最高執行責任者）などがありますが、どれも執行部隊の責任者となります。また、CFOの主な役割というのは、主に経営戦略の立案や財務戦略の立案・実行であり、場合によってはIR（投資家との対話）についてもCFOのミッションの範疇となっております。

ちなみに、CFOの役割を一言でいうと〝ROEを向上させることである〟と喝破した人がいて、私はなるほどと思わず膝を打ちました。ROEというのは自己資本利益率のことで、要するに投資額に比してどれだけ効率的に利益を獲得できたかを判断する指標のことをいい、よくROEは当期純利益率、総資産回転率、財務レバレッジのすべてを乗じた値に等しいので、ROEはこれら3つに分解できるという説明がされます。

ということは、当期純利益率を改善させるためには効率的なオペレーションを構築することが必須ですし、また総資産回転率を上げるためには固定資産の流動化等によって資産についても効率化を図っていく必要があり、さらに財務レバレッジをかけるというのは財務の健全化のために目標を定めた最適資本構成をコントロールしていくことを意味します。

ということは、PL面のみならずBS面をも常に睨みながら様々な施策、時には財務的なものも含めて実行していくことこそがCFOに求められた役割なのであります。よって、このCFOの役割をROEの向上という一言に集約したのは非常に秀逸だと思いました。

ちなみに、経済産業省から発表された伊藤レポートではROE8%を上回ることを日本企業における一つの目安にしているようです。確かにROEという指標自体が万能なものではないのですが（相対的に借入の比重を増やすだけでROEが向上してしまうといった欠点はよく指摘されるところ）、日本企業がベンチマークすべき最も重要な指標であることは確かなわけです。

では、日本企業におけるＣＦＯはどうかというと、単に経理部長や財務部長がＣＦＯという肩書をつけているだけというケースも実は多かったりします。これは、経営戦略全般につきファイナンス面からの検討をしていくという役割を担っている海外企業におけるＣＦＯとは幾ばくか異なる様相を呈しています。

経理部長や財務部長というのは過去の確定した数字を加工処理するのは得意であるのですが、自社のビジネスモデルと数字との結びつきなどをきちんと理解している方はいまいち少ない印象を受けたりします。よって、自社の財務数値のパラメーターを設定したり解釈したりするのが苦手だったりするのですが、その理由として、自社の事業それ自体にあまり関心がないというのもある気がします。

それは、我々会計士のなかでも、例えば連結子会社が何百社とあってそこでの連結財務諸表や連結キャッシュ・フロー計算書の作成といった複雑な会計処理を解きほぐし、間違いを素早く指摘するといった能力の持ち主がいるのですが、その会計士は全くクライアント企業のビジネスモデルには関心がなく、細かく複雑な会計処理の部分についての会計基準を熟知しているというういわゆる会計マニアのような人間がいます。

その人間を見て思うのは、会計という過去の事象を一定のルールに従って処理する能力と、これから事業がどうなっていくのかを会計数値とリンクさせることでKPI化し、将来を予測していくような能力とは全くの別物であるとつくづく実感したところであります。そういう点で、僕の印象としては経理部長や財務部長というのはむしろ前者の能力に優れた方が上場会社において多数派ではないかと思っています。（それを悪いと言っているわけではありませんので悪しからず。）

そういった背景もあって、日本企業においてもCFOというCEOのビジネスパートナーとしてのポジションで、会計に対する造詣が深く、かつ会社全体を俯瞰できるような能力を持つ人が求められるようになったというわけです。ただ、どうもCFOというと役割も含めてスキル面ばかりが強調されてきたという部分については否めません。

しかし、筆者は「粉飾」に対する一義的責任はCEOではなくCFOが負うというのが理想的だと考えています。その場合、CFOへの新たな役割が一つ増えるわけですが、そのためには実効性を担保するCFOのポジショニングが重要になってきます。

この点、ＣＦＯの立ち位置については不正のトライアングルとの関連で考えていきたいのですが、その前に読者諸氏はミルグラム実験というのをご存知だろうか。これは相手に対して電気ショックを与える側の心理の実験で、人間というのはどこまで残酷になれるかというものです。このミルグラムというのは有名な社会心理学者の名前です。

あまりに有名な実験なので詳しい内容は割愛しますが（知りたければググっていただきたい）、要するに人間というのは、自分が単なる命令を受ける側にすぎないと考えると、他人に対して責任を転嫁できてしまうがゆえに非人道的な行動を行うことへの抵抗感をなくしてしまうというものです。そして、これとは反対に責任転嫁を難しくすることで非人道的な行動を行うことへの抵抗感が醸成されるという検証結果もでました。

この実験によってどのような示唆が得られるかというと、悪事をなす主体者の責任が曖昧な状態になればなるほど、人間というのは他人に責任を転嫁し、自制心や良心の働きは弱くなっていくということです。

さて、これを株式会社における分業体制に当てはめてみたいと思います。もちろん組織は効率よく動いていく必要があるため、組織が大きくなればなるほど分業化が進んでいくということは至極当然なのですが、これこそがまさに不正を生む源泉なのではないかということを意味します。何ともアンビバレントな印象を抱きますが、不正のトライアングルでいうところのまさに〝動機〟の話とも関連するものです。

ちなみに、この実験の典型例はホロコーストであると言われています。ホロコーストは一般的にはナチスの残虐な国民性がもたらしたものという解釈が一般的ですが、そうではなくて意図的に過度な分業体制にしたからこそ悪事を行うことへの抵抗感を奪い、ホロコーストを可能にしたのではないかという仮説です。

さて、ここでCFOのこれからの役割・ポジションを考えていくにあたって、不正のトライアングルにおける3要素とともに見ていきます。

まず、日本企業におけるCFOの立ち位置というのが組織の序列的にCEOに仕えるというポジションになってしまっているところ、これをCEOと並列のポジションにすることによって（**図31**参照）、不正のトライアングルにおける3要素の多くを解消できるのではない

図31　CFOの立ち位置の位相をずらす

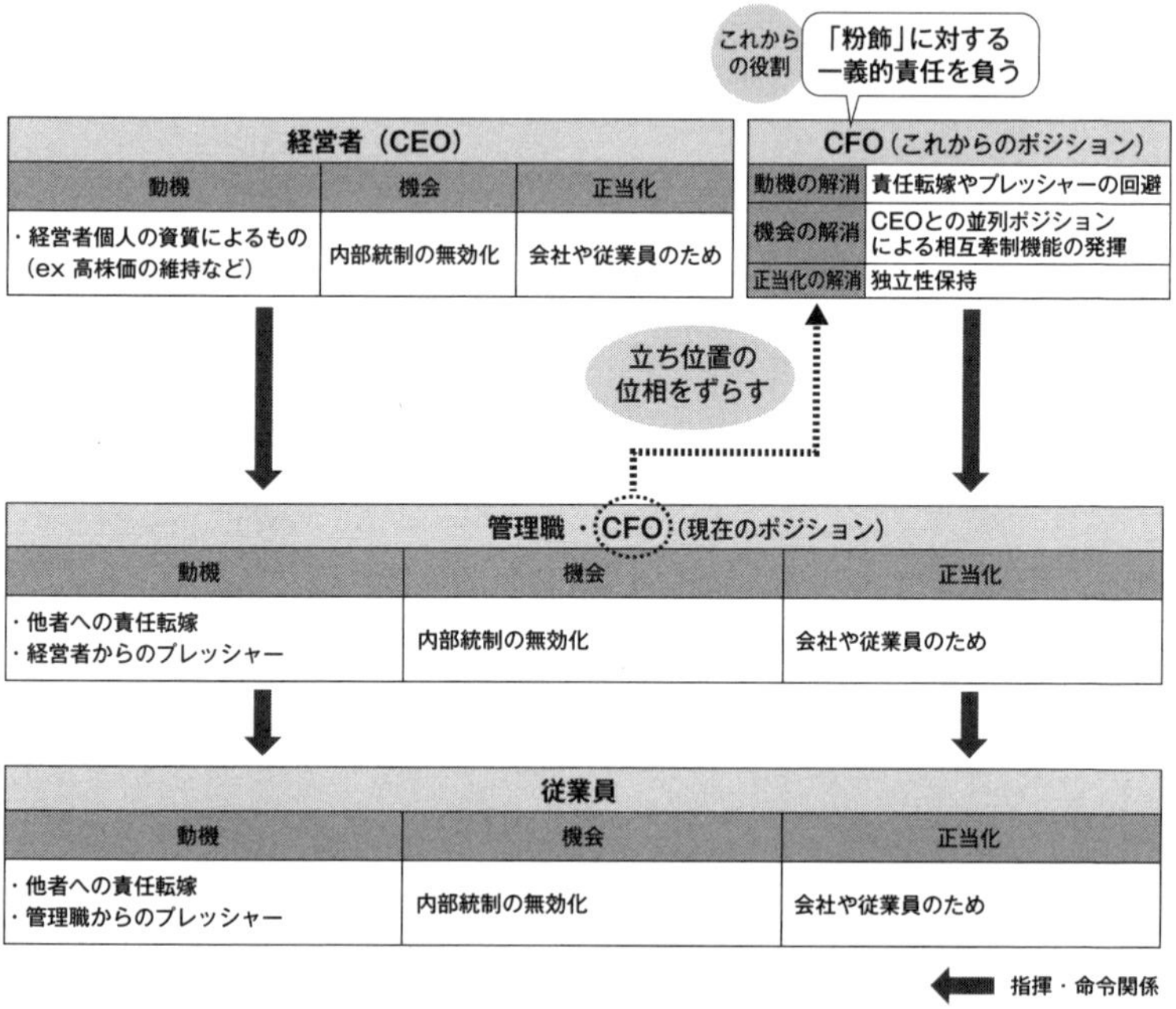

かというのが筆者の考えであります。

まず、「動機」については分業とは無縁のポジションに就くことで他者への責任転嫁を不可能にすることのみならず、経営者からのプレッシャーについても解放されることとなります。ミルグラム実験でいうなれば、分業体制というのは責任転嫁を可能とし、そして責任転嫁が可能となると悪事の一部に関わっていても罪悪感が希釈化されるということですので、それをこのケースにおいて敷衍すると、

ＣＦＯは誰にも従属しない分業とは無縁のポジションでいることが最も「粉飾」への抑制になるのではないかということです。

そして、「機会」についていえばＣＦＯはＣＦＯで内部統制を無効化させるリスクがありますが、そこはＣＥＯとの相互牽制という新たな機能が加わることとなります。さらに、もう一つの「正当化」でいえば、独立性を保持することによってメタな視点を持つことができ、「会社のため」や「従業員のため」といった情に絆されるといった要素を極力排除することができることとなります。

そうすると、ＣＦＯ自身が内部統制を無効化させるリスクのみが残りますが、それは結局のところＣＥＯとの内部牽制を図ることができることのメリットを上回ることはないと考えられるのです。要するに、このメリットが当該リスクを凌駕することが期待できます。

以上、ａの「粉飾」の抑制策については、既存のＣＦＯを脱構築し、ＣＦＯという役職を何とか「粉飾」を抑制する一助となり得るポジションにまで昇華させることができないかを考える、筆者なりの一つの提案でありました。

3-3、「脱税」のトライアングル

次に、cとdの「脱税」の抑制策についてですが、一般論としての「脱税」の抑制策について知りたかったのでネットで調べたところ、ちょうどウィキペディアには「日本での脱税対策」として箇条書きで記されていたのでここに引用します。

①納税者自身の意識の高揚と誠実・正確な申告
②税務署の調査能力の向上
③脱税行為に対する罰則規定の強化
④税務署による公正かつ平等な税法の適用
⑤極度に複雑化した税法の簡素化・通達課税の撤廃
⑥個人番号（マイナンバー制度）の運用

一つ一つ確認していこうと思うのですが、これらを「不正のトライアングル」の3要素と絡めて見ていくこととしましょう。まず①については、「粉飾」でいうところの経営者個人の資質によるものと同様で、結局は納税者自身の誠実さという心の問題に収斂するということとをいっています。よって、①は不正のトライアングルでいうところの「動機」に該当します。

②の税務署の調査ということですから、単に税務調査のことです。税務調査を受けたことがあるという方もいらっしゃるかと思いますが、まああまりいいものではないですよね。筆者は納税者側の代理人税理士として立ち会ったりすることは年に何回かあるのですが、やはり何もやましいものはないというクライアントでも調査官と対峙する際は一定の緊張感があるものです。

所轄税務署による調査だけでなく、国税局査察部（通称マルサ）の強制調査にも立ち会ったことがありますが、これは特に痺れました。筆者も上場会社への会計監査人として外部から監査をする立場でクライアント企業との接点を持ったりしますが、それなりに和気あいあいといいますか、適度な緊張感の中での〝いい関係〟を保ちつつ、お互い協力しながらの作業を進めていくという形でやっています。（ちなみに、通常の税務調査も最近はこういった進め方を意識的に行っているのを実感します。）

というのも、その方が作業が潤滑に進むのです。クライアント側に監査の趣旨を理解していただき、当然それは我々も監査にご協力いただいているという意識を常に持ちつつ、お互いに収束に向かっていくという感じです。そういう意味では、マルサの強制調査とは天と地との温度差がありますが、マルサは悪質な脱税犯を逮捕することを目的としているので、お互い打ち解け合う必要性などなくて当然のことです。

よく、ＡＩに代替される職業として会計士や税理士の職業が挙げられますが、これはリプレースされることはあり得ないというのがまずもって筆者の見解です。巷でいうところのＡＩ脅威論をそこまで怖れるものとは捉えておらず（ただ、ＡＩを有することによるビジネスチャンスはめちゃくちゃあるとは思います）、例えばエクセルが出てきた時のような従来の仕事の作業効率が格段に上がるということが実感できる程度にしか考えておりません。

まず、会計監査についていえば第２章でみたように〝会計上の見積り〟がＩＦＲＳへのコンバージョンなどによりますます重要性が増すなかで、この見積りをＡＩが代替できるかといったら、それは見積りに与える要素が複雑かつ多岐にわたるものであるといったように、それ自体個別性が強いので、そもそもＡＩが善し悪しを判断できる代物ではないということです。

次に税理士の仕事はということですが、ここで税務調査の話に戻るのですが、税務調査というのは実は交渉的な要素が非常に色濃いものなのです。これは調査に何回か入られている会社の社長はよくご存じかと思いますが、そもそも税法で白黒はっきりついているものに関しては、税理士が顧問として付いている会社においてはめったにおかしなことはしません。

税法として許されている範囲ですべて処理するわけですが、ただそれでも、税法の解釈誤りなどがあった場合はもちろん修正申告に応じることになります。しかし、そうではないグレーな領域、例えば〝交際費が多すぎる〟とか〝福利厚生費と社長のプライベートな支出との境界が曖昧〟などがわかりやすい例だと思うのですが、こういったものについて、「これは認めるがこれは認めない」といった交渉が始まります。要するに、どこを落としどころとするかを決めていく訳です。

これが税務調査のリアリティであり、そこで税理士としてどう振舞うべきかというところが、税理士によってもかなりカラーが異なるということになります。つまり、税理士のなかにもグラデーションがあるのです。課税当局寄りなのか、それとも納税者寄りなのかというのは、税理士によっても非常に個体差があるというのが実情であります。（一説には、課税当局寄り2割、納税者寄り2割、残りの中間層6割という説もありますが、なんだか働きアリの法則のようです。）

話を戻しますと、②は不正のトライアングルでいうところの「機会」になります。税務署の調査能力が低ければ当然「機会」は増えるということを意味します。そして、③の脱税への罰則強化についても同様に「機会」です。脱税の罰則強化ということでいえば、例えば現行の懲役10年以下を15年以下にするとか、重加算税を現行の35％から50％とするなどをここでは意味していると思われます。

死刑とかだとまた別ですが、個人的には罰則強化にはさほど「脱税」への抑止力にはならないのではと感じます。その意味では、罰則強化というのは必要条件ではあるが十分条件ではないといったところでしょうか。

④と⑤については、これは不正のトライアングルでいうところの「正当化」ではないでしょうか。ちなみに⑤の通達というのは第4章の貸倒損失のところでも触れたように、法律ではなく税務署内部だけの決め事のことで、通達課税とはその通達に基づいて課税をするという

ことを意味します。それに対して、納税者側も法律ではないものに従う必要はないとの抗弁が可能という意味では「正当化」に該当します。

④の公正かつ平等というのも、納税者側に「あの会社も同じことをやっているにもかかわらず課税を逃れているじゃないか！」といった自己を正当化させる主張を許してしまうことにもなります。これは〝認知的不協和の解消〟という心理現象が蔓延してしまうことにもつながります。

すなわち、本来は適正な税金の申告が必要であるところ、「税金を逃れている会社などいくらでもある」などと認識に修正を加えることで、納税義務という不協和を解消しようとすることになります。

あと、⑥のマイナンバー制度についてですが、これは主に相続税に係る相続財産というストック面の捕捉の意味合いが強いです。ちなみに、⑥は不正トライアングルでは「機会」になります。

3-4、cとdの抑制策 —— 増収増益税制

またもや前置きが長くなりましたが、私が「脱税」抑制策として提案したいのは、ズバリ〝増収増益税制〟です。まあ、名称は何でもいいのですが、要するに会社の決算で増収増益を達成した場合に、その増益分については低税率を適用するというものです。

そもそも決算書というのは経営の通信簿といわれるものであって、本来的には成果を出すことに意義を見出さなければいけないものですし、経営者もそれを目標に経営を執り行うべきです。にも関わらず、税金を最小限に抑えるために役員報酬の増減で調整したりといったことが行われていますが、そういった行為は決算書そのものがもつ本質には反する行為なのであります。

それに加えて、よく企業行動というのは税制を変えるといいますが、税制というものもまた企業行動を変え得るものです。前者でいえばグローバル企業の行き過ぎた租税回避行為に対するBEPSプロジェクト（第1章参照）などが該当しますし、後者の例でいえば、例えば「所得拡大促進税制」という前年よりも給与等の支給額を増加させた場合、その増加額の

一部を法人税から税額控除できるという制度については、まさに安倍首相肝いりの賃上げ促進策にほかなりません。

そのほかにも、「投資促進税制」という機械装置等を取得した場合に、取得価額の30％の特別償却又は7％の税額控除の選択適用ができるという制度についても、読んで字の如く企業に設備投資を促し経済を活性化させようとする政策的なものです。どちらもデフレ脱却を急ぐ政府の意図が見え隠れするものです。

このようないわゆる優遇税制以外にも、「外国子会社配当益金不算入」といった制度があります。タックスヘイブンなどにある外国子会社から日本の親会社が配当金を受け取ると、一定の税金が発生してしまうので、二重課税を避ける意味でも外国子会社は内部留保してしまっていたため、日本（の親会社）に資金が還流してこないこととなっていました。そこで、日本の経済活性化を図るために外国子会社からの配当金に係る税金を95％免除することによって資金を日本に戻させるというものですが、これなどまさに税制が企業に対して一定の行動を仕向けようとする典型例です。

このように、企業行動を変えさせたければ税制の工夫は欠かせないわけです。よって、「所得拡大促進税制」や「投資促進税制」と趣旨は同じで（というよりも「所得拡大促進税制」のアナロジーである）〝増収増益税制〟については、対前年比で増収増益を達成した場合に、その増益分についてのみ本来の税金よりも減免するというようにしてあげると、「脱税」はかなり減少するのではと考えます。

税金を減免する方法なのですが、その増益分の利益に乗じる税率をシンガポールや台湾において適用されているものと同じ税率とします。日本の経営者の多くは、日本の税率は高いというような先入観で頭で凝り固まってしまっており、もちろんそれは（世界各国と比して）相対的にも高いことは間違いないのですが、それがかえってなるべく（日本での）納税については極力回避したいという心理を生むのではないかというのが私の色々な経営者の考えをお聞きしたなかでの結論であります。

これも、冒頭で説明したアンカリング効果の問題なのかもしれません。もしそうであるならば、逆に税率が低いと言われれているシンガポールや香港、台湾の16〜17％くらいの税率を適用するとすれば、そこに経営者の納税に対する納得感（場合によってはお得感）みたいなものが生まれるので、結果として「脱税」への抑制に十分な力を発揮するのではないでしょうか。

あと、この16～17％という税率の根拠をもう一ついうと、よく赤字会社に対して架空の外注費を立てるという「脱税」行為が行われたりします（その赤字会社は通称〝B勘〟といいます）が、その際の相手方であるB勘との間で〝9割バックの10％（テンパー）残し〟などという条件でグリップするようです（この10％残しというのはどうやら相場であるらしいです）。

本来、自社で利益計上すれば100の利益に対して30の税金が徴収されるところ、架空外注費100を計上すれば利益が0となり税金が発生せず、裏で90の資金を受け取れるという単純なスキームです。この場合、10の支払いであるので実質的な税率10％ということであり、それを考えるとB勘相手にリスクを冒してこのスキームに乗るよりも、税率16～17％で払ってしまった方が得策ではないかと考えるのが経営者心理だと思うのです。

黒字の会社は全企業のうち3割程度しかないので、その3割の会社しか納税していないということがよく言われますが、実際のところはどこの会社も合法的な節税策（場合によっては「脱税」）を施した結果がこの3：7の割合なのだと考えなければいけません。さもなければ7割もの会社が実際に儲かっていないということが事実であれば、日本経済はとっくに破綻しているはずであります。そして、その3割の黒字会社もそれなりに合法的な節税対策（場合によっては「脱税」）をした結果の黒字での着地であると捉える必要があります。

そういった意味では、国からすれば税収の歩留まりは相当悪いと言わざるを得ないわけです。とすれば、合法的な節税策（具体的にはオペレーティングリース商品のようなもの）に走るよりは、少ない税率のところで払ってしまって自社の利益を内部留保に回した方が有益だとイメージさせるように仕向けるのが、この〝増収増益税制〟です。

要するに、何がいいたいかというと、本来的にはもっと税金は徴収できるにも拘らず、それは「脱税」ではなくあくまで節税（課税の繰り延べ）という形で企業に残存されてしまっているものを、一気に税金として吐き出させることが可能だということです。埋蔵金ではないですが、節税策に形を変えて決算書の簿外で眠っているお金は結構な金額があると筆者は見ています。

経営コンサルタントの大前研一氏が昔から主張しているフラット税制も趣旨としては同じです。要するに、累進課税などではなくシンプルにフラット税制にすればむしろ税収は上がるというものですが、それは納税者の意識が変わるためであると考えている点が重要です。実際にプーチン政権のロシアでは、２００1年にフラットタックス制を導入したおかげで、ロシア社会でも租税回避を嫌う風潮が生まれたことで税収が大幅に増えたという実績があるのです。

このように、「日本は税率が高いから納税したくない」という不正のトラアングルでいうところの「正当化」を逆手にとって、「高くない税率だったら納税しよう」と誘い込むのが、この〝増収増益税制〟の要諦であります。これを租税特別措置法に実装できれば面白いと思うのですがいかがでしょうか。

3-5、bの抑制策 ―― 何もしなくていい

最後に、bの「粉飾」抑制策ですが、これについては〝つける薬はない〟というのが筆者の答えです。先ほど、あえて〝銀行員も共犯者である〟といいましたが、そもそも行員も融資実務に関してはプロフェッショナルたれということです。すなわち、非上場会社における「粉飾」を見破るくらいの選球眼であったり審美眼を持ちましょうということです。

多くの非上場会社において、複雑な会計処理の手口を用いて「粉飾」をするということには技術的限界があります。例えば、期末間際の売上前倒し計上であったり、または架空売上の計上という積極的粉飾であったり、もしくは在庫の過大計上、減価償却に過少計上など、非上場会社の「粉飾」などどれもシンプルなものばかりといえます。そして、「粉飾」というのは大抵何か匂いがあるもので、その匂いを五感で嗅ぎ取るのも行員が備えるべき能力なのです。

その意味では、第2章のはれのひやてるみくらぶの事例にもありましたが、銀行に対する詐欺罪というのも荒唐無稽な話であると個人的には思っています。決算書に何か細工がされ

ていて、それに対して稟議という形で複数のプロ行員が決算書を検証したうえで融資の可否を決めているわけですから、それで「粉飾」を見破れなかったら自業自得だと考えるのが自然ではないでしょうか。

ちなみに、アドラー心理学的にいうと、「粉飾」を必要としているのは会社側ではなく銀行側であることになります。銀行員にとって融資を継続したくない相手先があったとすれば、それは決算状況が悪いから融資が継続できないというのではなく、融資を継続したくないから悪い決算書（赤字や債務超過）が必要となるということになります。

前者がフロイト的な原因論で後者はアドラー心理学でいうところの目的論です。いわゆる融資の非継続というのは結論ではなくて目的なのであります。これの裏を返すと、融資を継続したいからよい決算書が必要になるということでもあって、ここでいうよい決算書は「粉飾」の有無を問わない、単なる黒字であったり資産超過である決算書という意味です。

話をまとめると、「粉飾」というのは融資継続のために必要なものであり、そして、「粉飾」においては会社と銀行員は共犯者となるので、ことさら「粉飾」自体を抑制しようとしても意味がないのです。そして、銀行側はその会社が倒産してしまえば貸出金が貸し倒れるだけでなく「粉飾」も明るみに出てしまうため、心の中では倒産しないようにと祈念しているのです。

余談ですが、ある②借入依存型の会社は、「社長、今期も黒字必達でお願いしますよ！」と主要取引銀行の担当者から毎年言われるそうです。これを文言通り、社長に対する叱咤激励と取れなくもないですが、もちろん銀行員はその含みを残しつつ「今期もうまくやれよ」という言外のニュアンスを多分に含ませているレトリックであることがおわかりでしょうか。

要するに、「粉飾」してでも決算書は黒字にしておけよ、ということです。うまくやれば深くは追及しないから、とりあえず赤字だけは避けてくれということを意味しているのであります。このように、経営者と行員とは粉飾決算という一点でラポールを築いてしまっているのであります。

3-6、非上場会社が行う「粉飾」の是非

この話の最後に、非上場会社が行う「粉飾」の是非について私見を交えつつ締めくくりたいと思います。上場会社については、そもそも投資家がいて毎四半期において公表される財務諸表をもとに株式を売ったり買ったりしているので、「粉飾」というのは非常に罪深いものです。よって、このような投資家保護のために外部の公認会計士による監査というものがあります。その点、非上場会社には外部のチェック機関というのがほぼ存在しません。

ただ、非上場会社の経営者が「粉飾」に手を染めるのも無理からぬことでもあるのです。先にもいいましたが、銀行というのは決算書をもとに融資の可否の判断をしているため、融資先の決算内容が悪ければ新規融資を実行しないのはもちろんのこと、既存の融資に関しても無慈悲に貸し剥がしをしてくることもしばしばです。そうなったら会社はたちまち立ち行かなくなり、結果として従業員を路頭に迷わせたり、顧客や仕入先にも迷惑をかけてしまうことなります。

そこで多くの経営者はこう考えるんです。「このお化粧は今期だけの一時的なものであっ

て、それを乗り切れば業績の回復を待って帳尻を合わせればいい」と。そういったいわゆる「粉飾」あるあるに対して、ほぼ必ずといっていいかと思うのですが、弁護士やコンサルテント等の評論家たちは、「粉飾決算をしても経営はよくならないばかりか、取引先や従業員に迷惑をかけるので百害あって一利なし、だからやめろ！」という感じで一刀両断しているものばかりです。

つまり、「粉飾」に関してはアプリオリに100％悪であるといっているわけです。しかし、こういう論調に対しては昔から違和感があって、というのもこれまでの経験上、「粉飾」に手を染めてもそこから徹頭徹尾事業の立て直しをやり抜き、まさに〝帳尻を合わせた〟会社をいくつも知っているからです。そして、これはもしかすると後知恵というか結果論になりますが、その「粉飾」に手を染めた会社が〝あの時点〟で手を染めなかったら、〝あの時点〟で取引先や従業員に迷惑をかけていたでありましょう。

また、こういった意見もあります。「粉飾決算によって融資を受けると、このキャッシュで一旦は会社の資金繰りは回ってしまうので、経営者はこれで安心してしまい、必要な経営改善が後回しになってしまう。そして、それに味をしめるとさらなる業績の悪化を隠蔽するために粉飾の上塗りを重ねていくため、それが何度か繰り返されると粉飾も積みあがっていくことになるので、やはり粉飾はダメだ」というものです。

これは、「粉飾」を行う経営者に業績改善なんてできっこないだろうという先入観に囚われているのではと思わなくもないですが、それは完全に見当違いです。例えば、あまりやりたくないであろうリストラ策などの確実な経営改善策を虚心坦懐にやり遂げることができれば業績回復ができる会社はそれなりにありますし、その場合の一時凌ぎのツールとしての「粉飾」なら許容できるというのが筆者の見解です。その場合の「粉飾」は必要悪ともいえますし、そして一旦ハイドになってしまった経営者がジキルに戻る薬は業績の回復だけなのです。

以上より、よく誤解している方もいるのですが、〝粉飾をしたから倒産をした〟とか〝粉飾に手を染めたから倒産が早まった〟ということは論理的にあり得ないわけです。企業の倒産と「粉飾」には一定の相関関係があっても、何ら因果関係はありません。ただ、一般的に企業が倒産する際にはたいてい「粉飾」に塗り固められた決算書となっているので、「粉飾」が企業倒産にはつきものであるというだけなのです。

4、「粉飾」と「脱税」の今後

ここまでは「粉飾」と「脱税」を日本企業の経営者の心理といったものに関連づけて論じてきましたが、経営者の心理面にまた新たな変化の兆しがジワジワと生じつつあることをここ最近、肌感覚として感じたりしているのは筆者だけでしょうか。例えば、本書を執筆中にちょうどドンピシャのトピックがあったので、最後にご紹介します。ソフトバンクグループ（以下、ＳＢＧといいます。）の以下の記事です。

内容を確認するとざっととこんな感じです。日経新聞の記事なのですが、「ＳＢＧが２０１８年3月期に巨額の税務上の欠損金を計上し、日本国内で法人税を払っていないことが明らかになった。国税当局は欠損金の一部について計上時期の誤りを指摘する一方、欠損金の計上自体は問題ないとした。会計上の純利益が1兆円を超える企業が税務上は赤字となる税法の盲点は何だったのか。」というものです。

時系列でみていきますと、①２０１６年3月にＳＢＧが英半導体設計大手、アーム・ホールディングス（以下、アームＨＤといいます。）の全株を3・3兆円で取得しました。そして、

②ＳＢＧは18年3月期にアームＨＤがＳＢＧに半導体の設計子会社であるアームリミテッド（以下、アームＬｔｄといいます。）株の75％を現物配当しました。その後、③ＳＢＧがアームＨＤ株の78％をソフトバンク・ビジョン・ファンド（ＳＢＧが運用する投資ファンド。以下、ＳＶＦといいます。）に譲渡しました。

この資本関係図が**図32**で、左が①の買収完了後で、②と③を経た後が図の右になります。要するに、グループ内での〝切った貼った〟を行ったということです（第4章のＩＤＣＦ事件でも〝切った貼った〟事例でした）。そして、この「脱税」スキームのミソは仕訳例②の会計仕訳と税務仕訳の違いを見ていただければと思うのですが、要するに税務上は配当を受け取った場合は理論的にはアームＨＤ株の価値は減少するのですが、簿価のままの計上という扱いになっている点です。

これにより、仕訳例③にあるようにアームＨＤ株を売却したところで、会計上は譲渡損が発生しないにも関わらず税務上は発生することとなります。これが、ＳＢＧの会計上の利益が1兆円以上発生していても税金は発生しないということのカラクリになります。

これに対して課税当局は、一連の税務処理を調査・検討したうえで、不当な税逃れとまではいえないとの結論に至ったわけですが、個人的にはかなりスレスレの租税回避行為だと感じています。結局、ＳＢＧにおける「海外事業における最適な資本関係を実現するため」という理由が、この一連の取引に対して経済合理性を付与しているとみなされたということになります。

また、新聞記事ではこれを「盲点」としているのですが、個人的には盲点というほどではないと感じました。そして、この記事の最後には「19日にあったＳＢＧの株主総会で、孫正義会長兼社長は株主の質問に答えて「世界の投資家は世界のルールの中で色々な節税を合法的にやっている。合法的な範囲の中である程度節税を図っていく」と話した。」と締めくくられているのですが、ＳＢＧの「脱税」スキーム以上に、孫氏のこの発言の方が重要です。

孫氏といえば、ベンチャースピリットを持つ人間は皆憧れる経営者で、日本においてもその経営能力・手腕は抜きんでている希代な存在です。そんな孫氏のこのような発言は、世界のグローバル企業を相手にしているからこそ言えるものなのでしょうか。それとも日本企業でも合法的な「脱税」をやらない奴はバカだと考えてのシニカルな発言なのでしょうか。

図32 SBGの「脱税」スキーム前後の資本関係図と仕訳例

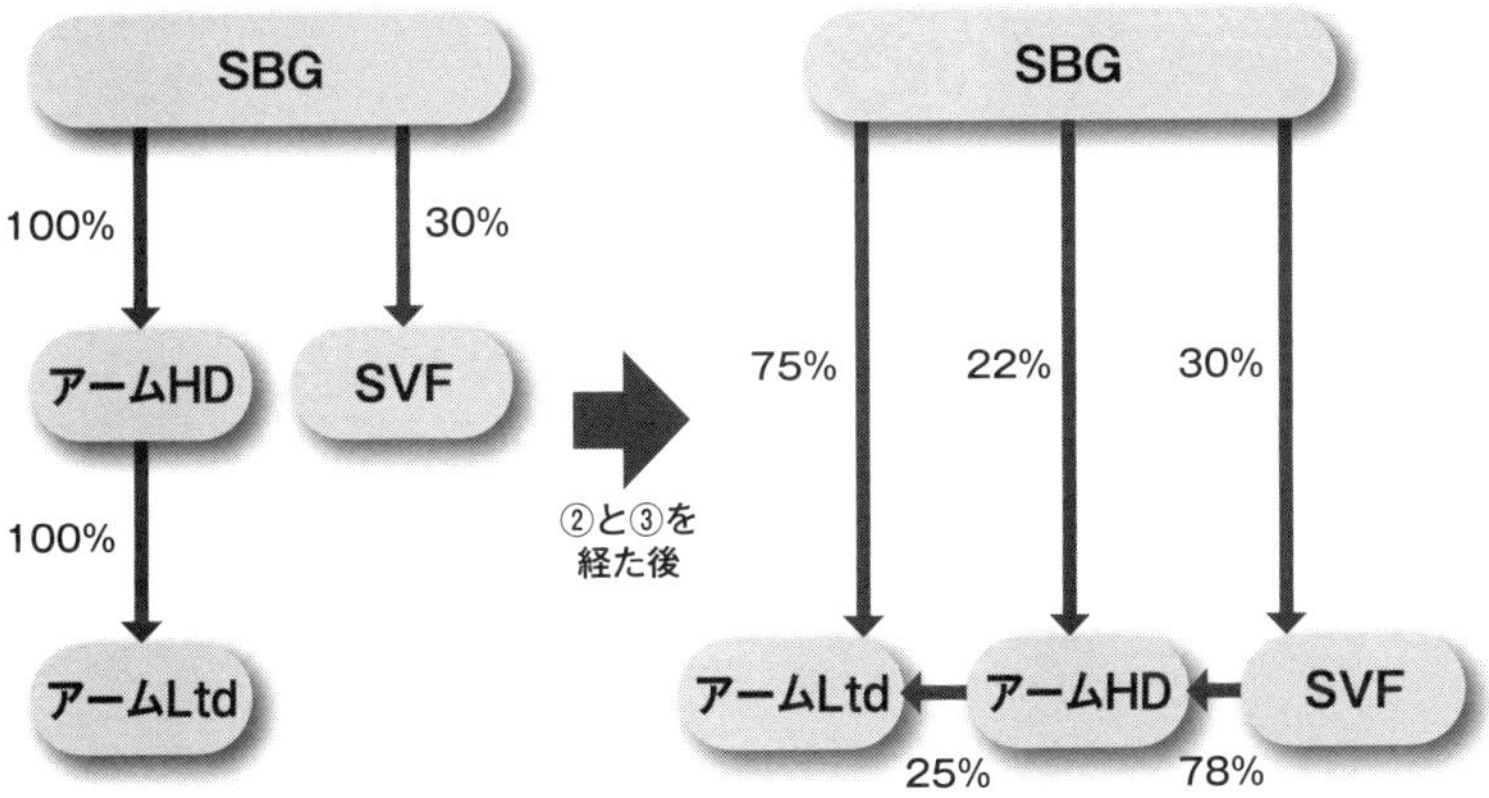

時系列	会計仕訳	税務仕訳	補足説明
①16年3月、SBGがアームHDの全株を取得した。	子会社株式(HD) 3.3兆円 ／ Cash 3.3兆円	子会社株式(HD) 3.3兆円 ／ Cash 3.3兆円	連結仕訳においては、3兆円を超すのれんが発生することとなります。
②18年3月、アームHDがSBGにアームLtd株の75%を現物配当した。	子会社株式(Ltd) 2.6兆円 ／ 子会社株式(HD) 2.6兆円	子会社株式(Ltd) 2.6兆円 ／ 受取配当金 2.6兆円	会計上は「事業分離等に関する会計基準」によって、あたかもHD株とLtd株を交換をしたように処理をします。税務上の受取配当金については95%が益金不算入となります。
③②と同日にSBGがアームHD株の78%をSVFに譲渡した。	Cash 0.54兆円 ／ 子会社株式(HD) 0.54兆円	Cash 0.54兆円 ／ 譲渡損 約2兆円 ／ 子会社株式(HD) 2.54兆円	SVFにおいては、実質支配力基準にてSBGの連結対象としています。なお、仮にSVFを100%支配していた場合、グループ法人税制が適用されて税務上の譲渡損も計上されることはありませんでした。

もし、これを後者と捉えた場合、上場会社における「脱税」の動機・誘因軸の上では一気に弱から強へと振れ得るものです。そして、それはこれまでの経営者の価値観に大きな揺らぎを与えるに十分すぎるといえます。

さて、一体どちらが正解なのか。繰り返しになりますが、その答えは、つまるところ個々の経営者の全人格的な誠実性や倫理観といったエシカルな部分に帰結するのです。

その富を成す根源は何かといえば、仁義道徳、正しい道理の富でなければ、その富は完全に永続することができぬ。ここにおいて論語と算盤という懸け離れたものを一致せしめる事が、今日の緊要の務と自分は考えているのである。

～渋沢栄一「論語と算盤」～

謝　辞

初の単著への挑戦となったわけであるが、主に法務的な観点から有益なアドバイスをいただいた弁護士の伊勢田篤史氏、そして出版社と結び付けていただいた株式会社イヤホンガイドの久門隆氏には厚く御礼を申し上げます。
また、通常の仕事をしながらの執筆活動となったことによってかなりプライベートな時間が割かれてしまい、週末の家族サービスは満足にできなかったにも関わらず、逆に励ましてくれた妻の真由と長女の千華（まだしゃべれない）にも感謝の意を表したい。

最後に、執筆期間中も僕の心の中で応援してくれた母親の利江、ちょうど1年前に天国に旅立ったが、まだまだ僕の力になってくれていると思うと大変頭が下がるばかりだ。

令和元年十月十六日　　　　　　　　筆者　尾中直也

【参考文献】

■井端和男「最近の粉飾」税務経理協会　２０１６年
■松澤綜合会計事務所「会計不正と粉飾決算の発見と調査」日本加除出版株式会社　２０１７年
■細野祐二「粉飾決算vs会計基準」日経ＢＰマーケティング　２０１７年
■吉見宏「会計不正事例と監査」同文舘出版　２０１８年
■米澤勝「企業はなぜ会計不正に手を染めたのかー「会計不正調査報告書」を読む」清文社　２０１４年
■久保惠一「東芝事件総決算　会計と監査から解明する不正の実相」日本経済新聞出版社　２０１８年
■大村大二郎「脱税のススメ」彩図社　２０１６年
■武田恒男「加算税の最新実務と税務調査対応Ｑ＆Ａ」大蔵財務協会　２０１７年
■八ッ尾順一「租税回避の事例研究」清文社　２０１７年
■河野良介「税務当局と見解の相違が生じた場合の実務対応」中央経済社　２０１８年
■八田進二、堀江正之、藤沼亜起「(鼎談)不正ー最前線　これまでの不正、これからの不正」同文舘出版２０１９年
■宇澤亜弓「不正会計リスクにどう立ち向かうか！内部統制の視点と実務対応」２０１８年
■田中弘「会計グローバリズムの崩壊」税務経理協会　２０１９年
■秋葉賢一「会計基準の読み方Ｑ＆Ａ１００」中央経済社　２０１９年

■菊谷正人「会計学と租税法の現状と課題」税務経理協会　２０１９年
■平松一夫「ＩＦＲＳ国際会計基準の基礎」中央経済社　２０１８年
■あずさ監査法人「「会計上の見積り」の実務」中央経済社　２０１６年
■鈴木清孝「仮装経理の実務対応」清文社　２０１８年
■弥永真生「会計処理の適切性をめぐる裁判例を見つめ直す」日本公認会計士協会出版局　２０１８年
■太田達也「収益認識会計基準と税務」完全解説　税務研究会出版局　２０１８年
■ウェブサイト上で解説する記事も多数あり、それらも参考にさせていただきました。

◉著者プロフィール

尾中直也（おなか・なおや）

公認会計士／税理士
尾中直也公認会計士事務所所長

慶應義塾大学経済学部卒。
一般事業会社、大手監査法人、大手税理士法人、事業再生コンサル会社を経て2010年に独立開業。
高校生の頃からラーメンを愛し、今でも食べ歩き実績は年間200杯を誇る生粋のラヲタ（ラーメンヲタクのこと）。茨城の牛久にあるラーメン大高山は筆者がプロデュースしているラーメン店である。

エシカルな決算書のすゝめ

「粉飾」と「脱税」からみる会計学

発行日　2019年10月16日　第１刷

定　価　本体1600円＋税
著　者　尾中直也

発　行　株式会社 青月社
〒101-0032
東京都千代田区岩本町3-2-1 共同ビル8Ｆ
TEL 03-6679-3496　FAX 03-5833-8664

印刷・製本　シナノ書籍印刷

ISBN 978-4-8109-1335-4